新时代乡村振兴路径研究书系

农村金融支持乡村振兴的
效率评价及路径优化研究

——以重庆市为例

郑骏川　杨国庆／著

西南财经大学出版社

中国·成都

图书在版编目(CIP)数据

农村金融支持乡村振兴的效率评价及路径优化研究:以重庆市为例/郑骏川,杨国庆著.—成都:西南财经大学出版社,2022.11
ISBN 978-7-5504-5615-0

Ⅰ.①农… Ⅱ.①郑…②杨… Ⅲ.①农村金融—金融支持—作用—农村—社会主义建设—研究—重庆 Ⅳ.①F327.719

中国版本图书馆 CIP 数据核字(2022)第 211003 号

农村金融支持乡村振兴的效率评价及路径优化研究——以重庆市为例
Nongcun Jinrong Zhichi Xiangcun Zhenxing De XiaolÜ Pingjia Ji Lujing Youhua Yanjiu — Yi Chongqing Shi Weili

郑骏川　杨国庆　著

责任编辑:乔　雷
责任校对:张　博
封面设计:墨创文化
责任印制:朱曼丽

出版发行	西南财经大学出版社(四川省成都市光华村街55号)
网　　址	http://cbs.swufe.edu.cn
电子邮件	bookcj@swufe.edu.cn
邮政编码	610074
电　　话	028-87353785
照　　排	四川胜翔数码印务设计有限公司
印　　刷	成都市火炬印务有限公司
成品尺寸	170mm×240mm
印　　张	12
字　　数	292 千字
版　　次	2022 年 11 月第 1 版
印　　次	2022 年 11 月第 1 次印刷
书　　号	ISBN 978-7-5504-5615-0
定　　价	68.00 元

序

　　党的十九大报告首次提出实施乡村振兴战略,将其作为建设现代化经济体系的六项主要任务之一,并进行专门部署,此举为中国新时代农业农村发展指明了方向、明确了重点。金融是现代经济的核心,是实现乡村振兴和农业农村现代化的重要力量。2018年中央一号文件要求金融机构明确其在乡村振兴战略中的职责地位,强化金融服务方式创新,加大对乡村振兴的中长期信贷支持。在党中央乡村振兴战略部署和各项政策的指引下,重庆市高度重视乡村振兴战略。2018年,重庆市建立了252项重点任务、71个重点项目、159项政策措施工作台账,规划重点项目投资2 351亿元,全方位推进乡村振兴建设。重庆市人民政府为实现乡村振兴战略,提出了一系列推动各类主体、各种要素聚焦乡村振兴的举措,下达了多样化、多层次的金融服务实施意见。这些措施得到了各金融机构的响应。当前重庆市农村金融服务无论是机构数量和融资水平,还是服务质量和金融环境,均与乡村振兴的金融需求不匹配,特别是作为农村金融制度重要组成部分的现代农村产业化融资体系尚不健全,致使乡村产业经营体系的融资渠道狭窄,风险损失补偿不足,极大地制约了重庆市乡村振兴战略的实施。

　　本书基于金融支持视角,探究农村金融支持乡村振兴战略的影响效应,构建金融服务重庆市乡村振兴的优化路径,这是推进重庆市实施乡村振兴战略、完善新时期农村金融体系的迫切需要。本书按照"理论构建—微观行为—宏观效应—对策研究"的逻辑思路进行研究内容的安排。首先,在理论层面辨析乡村振兴战略和金融服务创新等核心概念与相关理论,诠释农村金融发展促进乡村振兴战略实施的理论机制;其次,基于重庆市10余区县的微观调查数据,剖析当前重庆市乡村振兴战略实施过程中的金融服务需求与供给现状、问题及成因;再次,基于宏观统计数据实证金融服务发展对乡村振兴战略的影响效应,科学评价金融支持乡村振兴的效率水平;最后,针对重庆市金融服务乡村振兴中存在的问题及成因,借鉴国内外先进经验,构建金融服务乡村振兴战略的长效机制、优化路径与政策保障。

本书通过10个章节来对农村金融支持乡村振兴的效率评价及优化路径进行系统梳理与实证研究，具体内容框架如下：

绪论。该部分介绍本书的研究背景与研究目的，阐述金融支持乡村振兴的理论与现实意义，梳理国内外相关研究的进展，明确本书的研究思路、研究内容、研究方法，以及可能的创新与不足之处。

农村金融支持乡村振兴的理论基础。该部分在科学界定乡村振兴、农村金融支持等相关概念内涵的基础上，系统梳理马克思主义经济学的农业农村发展理论和金融资本理论、农村金融发展理论等相关理论，揭示乡村振兴战略的背景、目标、任务以及农村金融支持乡村振兴的地位、作用和着力点，论述农村金融支持乡村振兴的直接和间接作用机制。

农村金融支持乡村振兴的历史与现实考察。该部分将制度经济学和史学研究的方法结合起来，从理论的角度对农村金融支持乡村振兴的历史与现实进行全面考察，为后文农村金融支持乡村振兴的路径优化奠定现实基础。

农村金融支持乡村振兴的现状分析。首先，利用省级层面的宏观统计数据，对重庆市乡村振兴和重庆市农村金融的发展现状进行刻画；其次，利用微观调查数据，对重庆市实施乡村振兴的金融需求状况进行分析，并考察重庆市金融服务乡村振兴的既有政策措施，金融支持品种、力度和效果等，旨在对重庆市乡村振兴中的金融服务供需现状有一个清晰的认识，以期为金融机构创新金融服务供给方式提供实际证据。

农村金融支持乡村振兴的效率评价。该部分构建衡量重庆市农村金融服务和乡村振兴战略的衡量指标体系，评价近年来重庆市农村金融和乡村振兴发展的状况，分析农村金融发展与乡村振兴实施的长期均衡关系。此外，本章还基于全国省级层面的宏观统计数据，采用数据包络法（DEA）评价农村金融服务乡村振兴的空间差异化效率，分析重庆市农村金融支持乡村振兴效率在国内所处的水平。

农村金融支持乡村振兴的问题及成因分析。该部分进一步利用微观调查数据，对农村金融支持乡村振兴的问题和成因进行分析，为后文从金融机构和政府视角提出金融支持乡村振兴的建议提供坚实的经验证据。

农村金融支持乡村振兴的国内外经验借鉴。该部分选择美国、法国、日本、韩国、印度等国家，以及国内诸如四川省成都市、黑龙江省安吉市、广东省广州市和湛江市、江苏省东台市等典型地区的实践探索进行经验分析，对重庆市农村金融支持乡村振兴战略提出有益的启示。

农村金融支持乡村振兴的长效机制构建。该部分论述构建农村金融支持乡村振兴长效机制的必要性，并从政府支持机制、金融服务机制、风险保障机制、农村产权运作机制、涉农企业带动机制、农户内生造血机制六个层面建立起农村金融支持乡村振兴的长效机制。

农村金融支持乡村振兴的优化路径。该部分从银行、担保、保险、基金等多元化金融机构协同参与视角，提出农村金融支持乡村振兴的优化路径。包括：建立乡村金融服务事业部制、加快乡村金融产品与服务流程优化、加强金融与科技的协作、建立科技创业金融服务体系、推行乡村产权抵押贷款、开展乡村普惠金融服务、提供差异化金融服务、加强乡村金融风险的内部管控模式的创新等。

农村金融支持乡村振兴的政策保障。为了引导金融机构积极支持乡村振兴，该部分基于政府的角度对政策和制度创新提出有益的建议。包括：发展高品质乡村产业经营主体培育金融需求，加快完善现代乡村金融服务组织体系，优化乡村振兴中金融服务的支付环境，借助农村"三变"改革促进农村资产资本化，加强乡村振兴中财税与金融的协调配合，健全和推广乡村产权抵押融资政策体系，加快农村产权与交易制度体系改革，完善乡村金融服务，完善金融支持乡村振兴的信贷、保险、担保政策，建立和完善乡村振兴的金融服务考核奖惩机制。

本书的撰写工作由郑骏川、杨国庆两位同志完成，其中，郑骏川同志负责本书序、第 1 章、第 3 章、第 4 章、第 5 章、第 6 章、第 8 章、第 9 章的撰写及全书的统稿工作，杨国庆同志负责第 2 章、第 7 章、第 10 章和附录的撰写工作。本书的出版受重庆师范大学基金项目"重庆农村金融支持乡村振兴的效率评价及路径优化研究"资助，项目批准号：20XLB025。本书的知识产权归重庆师范大学所有。本书在研究过程中所开展的实地调研和问卷调查得到了重庆农村商业银行、重庆市金融学会的大力支持，在此表示感谢。

由于作者水平有限，书中疏漏错误之处，恳请读者指正。

郑骏川

2022 年 6 月 13 日

目　录

1 绪论

1.1 研究背景

长期以来,"三农"问题都是我国政府高度关注并着力解决的重点问题,自 2004 年起,每年的中央"一号文件"都聚焦"三农"。党的十九大更进一步提出乡村振兴战略,将农业农村优先发展提升到国家战略的新高度,乡村振兴战略不仅成为继新农村建设后解决"三农"问题的又一重大战略,更是新时代社会主要矛盾变化后,解决不平衡不充分发展的重要举措。实施乡村振兴战略,是新时代"三农"发展的全新战略,关系到农业农村现代化的实现,关系到社会主义现代化的实现,也关系到我国经济高质量发展的实现。

乡村振兴涉及农村政治、经济、文化、社会、生态文明、农民福祉等多个方面(张军,2018),具体又涵盖了产业兴旺、生态宜居、乡风文明、治理有效、生活富裕五大总体目标。五大总体目标中最为基础性的因素在经济方面,农村经济发展是最基本的要素,即农村经济的发展和农民收入水平的提升,有了经济基础为支撑,其他方面的发展才更具潜力和可持续性。因此,农村经济的发展是乡村振兴的首要任务,农民收入水平和消费水平的提升则是乡村振兴的最终目标,这也是新时代"以人民为中心"的发展思想的体现。因此,本书侧重研究乡村经济振兴,并将其作为本书研究的出发点和落脚点。

根据发展经济学的一般理论,乡村振兴战略的实施需要各种生产要素的投入,其中金融资本要素是最为基础,也是活力最大的要素之一。农村金融是乡村振兴的关键所在(Johnson,1989),其能够为乡村振兴提供有效的资金支持、金融产品与服务。为此,要积极深化农村金融改革,构建乡村振兴的金融支持体系。一直以来,农村金融发展水平与城市相比始终比较落后,体现为农村金融制度相对落后、农村金融基础设施不足、农村金融服务缺乏等。农村金融发展水平滞后使得农村金融需求识别度不足，农村金融资源可获得性不强。党中央多次在"一号文件"中提出要积极推进农村金融改革与创新，从本质上来看，相关政策的根本目标也是为了实现乡村振兴战略，尽管乡村振兴战略提出于十九大报告，但之前促进农业农村发展的一系列政策也与之一脉相承。

2021 年的中央一号文件《中共中央 国务院关于全面推进乡村振兴加快农业农村现代化的意见》，是 21 世纪以来第 18 个指导"三农"工作的中央一号文件。《2021 年国务院政府工作报告》绘就了"十四五"时期发展蓝图，"全面推进乡村振兴"是主要目标之一。乡村振兴既需要党中央政策的大力支持，又需要强大的金融体系的支持。金融服务乡村振兴，要围绕党的十九大部署的乡村振兴战略，围绕中央一号文件精神，围绕"十四五"规划，深化农村金融改革，建立和完善农村金融的组织体系、市场体系和产品体系，构建和实施农村金融的资源配置和资金回流机制，使农村金融资源真正地、有效地、全面地投入乡村振兴的各个领域、各个环节，尤其是重点领域、薄弱环节，使乡村振兴参与者和贡献者的金融需求得到满足，撬动金融资本支持乡村振兴。

重庆市集大城市、大农村、大山区、大库区于一体，最大的发展不平衡是城乡发展不平衡，最大的发展不充分是农业农村发展不充分。截至 2020 年年底，重庆市农业总产值达 1 596.1 亿元，同比增长 14.21%，乡村从业人员数量一直处于下降趋势，农村常住居民人均可支配收入达到 16 361 元，说明重庆市农业正在稳步发展，农民的收入也在逐步提升，但重庆市在乡村振兴建设中可能存在人才缺乏的隐患。乡村振兴建设的首要任务是加强农村居民社会保障制度，形成以政府财政支持为主体，社会及个人多方位集中发力的保障体系，并不断加大投入力度，使其得到稳定增长。但是，实施乡村振兴战略仅仅依靠政府的资金支持还远远不够，还要充分发挥金融的支撑作用。

为全面贯彻和响应党和国家对乡村振兴战略的号召，重庆市委市政府积极制定《重庆市实施乡村振兴战略行动计划》，以期全面推进重庆市乡村振兴战略发展任务。《重庆市实施乡村振兴战略行动计划》明确指出要提高金融服务水平，充分发挥政策性金融、开发性金融、商业性金融、合作性金融的联动服务作用。当前重庆市各地正在原有的农业农村发展基础上加快制定乡村振兴战略实施方案，金融机构也在积极介入乡村振兴进程。但从实践效果来看，重庆市农村金融服务无论是机构数量和融资水平，还是服务质量和效率，均与乡村振兴的金融需求不相适应，特别是作为农村金融制度重要组成部分的现代农村产业化融资体系尚不健全，乡村产业经营主体的融资渠道狭窄，风险损失补偿不足，极大地制约了乡村振兴战略实施进程，长效的金融支持机制与完备的政策体系有待进一步构建。因此，提高乡村振兴中的金融服务水平，创新金融服务，把更多的金融资源配置到农村经济社会发展的重点环节和薄弱环节，是重庆市当前迫切需要研究和解决的重大课题。

为此，本书基于金融支持视角，剖析金融服务重庆市乡村振兴的供需现状、存在的问题及成因，探究金融服务乡村振兴战略的影响效应及支持效率，构建金融服务重庆市乡村振兴的长效机制、实现举措及政策保障。

1.2 研究目的

本书的研究目的是从路径优化角度解决乡村振兴背景下重庆市农村金融支持"三农"的问题。当前，在乡村振兴建设如火如荼地进行的背景下，农村基础设施建设、农业产业现代化建设、新型农业经营主体的扶持、乡风文明建设等都需要大量的资金投入，而农村金融虽然不断支持三农建设，但大多数都是短期的、不可持续的，不能达到预期的目标。目前，农村金融的供给方没有更多地考虑普惠金融的目标，而是在追逐更大的利润空间，并极其厌恶风险，导致大多数金融机构的资金在农村走过场，未能长期、有步骤、可持续地支持三农建设，支持国家倡导的乡村振兴。农村金融的需求方，自身实力弱，经营的产业不具规模化，盈利水平也不足，又不能提供有效的抵押品，导致供给方不愿意提供资金给需求方。因此，本书的目的就是研究通过政府和市场两只手来构建农村金融解决乡村振兴的长效机制，引导资金供给方长期投资乡村振兴建设，也给政府提供一些实施农村金融支持乡村振兴的长效机制的建议，推动乡村更健康、更有效率地发展。

1.3 研究意义

在理论方面，建立乡村振兴的金融支持体系是对金融发展与经济增长关系理论、农村金融理论体系的丰富与完善。本书在研究过程中运用经济增长理论和金融学、制度经济学、计量经济学等学科的知识来研究乡村振兴的金融支持，对于丰富农村金融理论、金融创新理论、金融风险理论和金融监管理论，对于中国特色农村金融理论体系的构建，具有一定的学术价值。

在现实方面，农村金融对"三农"的支持是指金融为农村、农业、农民的发展提供资金配置，农村金融机构为农业生产经营活动提供金融产品和金融服务。与其他行业相比，农业是脆弱的、不稳定的，并且受外部因素的影响很大。这导致农村基础设施建设的长期低投入和农业科技的发展缓慢，进而延缓和阻碍了现代农业的发展。为乡村振兴提供有效的、创新的金融产品和服务，着手解决农村金融发展不平衡、不充分问题，积极深化农村金融改革，构建乡村振兴的金融支持体系，事关乡村振兴的成败。因此，对重庆市农村金融支持乡村振兴建设进行针对性研究十分有必要，通过分析农村金融支持重庆市乡村振兴的效率，并针对重庆市乡村振兴的现状，提出符合重庆市实际的促进乡村振兴发展的金融政策和措施，对于助推重庆市乡村振兴和农业现代化的实现具有重要的现实意义。

1.4　国内外研究现状

1.4.1　农村金融发展与经济增长研究

20 世纪 70 年代，学者们开始研究农村金融发展和经济增长的关系，他们从不同角度、不同层次进行了大量的研究。Mckinnon 和 Shaw（1973）认为，农村金融市场中要大力开展农村金融服务，这样可以增加资本的使用效率，有效地激活农村金融市场资本，从而有助于农村经济的繁荣发展[1][2]。King 和 Levine（1993）也认为，金融发展能够促进经济增长，金融发挥了其资源配置的功能，金融提高了资源配置的质量和效率。对 80 个国家 1960—1989 年的样本数据进行分析，得出结论：金融体系的完善、金融深化程度的增加，能够提高生产率，促进生产力发展，实现资本积累，最终促进经济增长。因此，农村金融发展和经济增长之间存在正向的因果关系，其关键在于如何发挥金融体系的功能，并且只有在有效提升金融资本利用率的前提下，农村经济才可以在农村金融的推动下得到发展[3]。Stiglitz（1993）认为应该在经济增长模型中增加内生金融中介和经济增长要素，同时考虑经济增长模型中的信息不对称性、不确

---

① MCKINNON R I. Money and capital in economic development［M］. Washington D C：Brookings Institution Press，1973.

② SHAW E S. Financial deepening in economic development［M］. Cambridge：Havard University Press，1973.

③ KING R G，LEVINE R. Finance and growth：schumpeter might be right［J］. Quarterly journal of economics，1993，108：717-738.

定性，另外不能忽略经济发展和金融发展的关联①。Levine（2005）认为，金融发展体现在金融系统的五个功能水平的提高。第一，可以更准确地获得有关潜在投资的信息；第二，对投资者的投资行为监管更有力；第三，有系统的交易和风险管理机制；第四，吸收更多的储蓄；第五，商品和服务交易更加方便快捷②。Burgess 和 Pande（2005）研究了印度农村金融对印度农村的影响，发现印度的农村金融改善了印度农民的生产和生活，提高了农村资本配置效率，提高了农民的生活质量，推动了农村经济的发展③。

1.4.2　农村金融发展研究

很多学者梳理、研究了我国农村金融发展的历史进程、现状及特点，并提出了促进我国农村金融创新发展的对策建议。在农村金融制度和金融改革方面，合作金融和商业金融具有互补关系，主流观点认为农村金融制度应该走商业金融和合作金融并行的道路④，并基于此对农村信用社改革进行了研究，提出产权机制、管理模式、经营目标等方面的建议。黄学华（2006）研究了安徽农村金融发展现状、问题及对策，并提出：建立多层次的农村金融组织体系，培育农村金融市场体系，加强农村金融监管体系，使农村金融的发展环境得到优化，结合各地实际情况实施农村金融扶持政策，使农村金融机构不断发展壮大，并实现可持续发展⑤。曹协和（2008）对转轨期我国农村金融体系的创新与制度安排进行了研究，对我国农村金融体系的改革进行了回顾，对我国农村金融体系的现状与存在的问题进行了分析，同时，深入分析了我国金融组织体系的建设问题，对我国农村金融体系的整体设计与创新进行了研究。他得出了结论：要充分、有效地将宏观制度和微观制度结合起来，实现我国农村金融体系持续的创新与发展⑥。钱水土（2009）回顾了中国农村金融体制改革的三十年，梳理了我国农村金融的发展进程，分析了农村金融体制改革的基本特征，提出建议：发展多元化的农村金融体系，鼓励农村金融机构之间的竞争，

---

① STIGLITZ J E. New and old keynesians [J]. Journal of economic perspectives, 1993, 7 (1): 23-44.

② LEVINE R. Chapter 12 finance and growth: theory and evidence. handbook of economic growth [M]. Amsterdam: Elsevier, 2005: 865-934.

③ BURGESS R, PANDE R. Do Rural Banks Matter? Evidence from the Indian social banking experiment [J]. American Economic Review, 2005 (3): 780-795.

④ 温铁军. 农地制度安排与交易成本 [J]. 读书, 2004 (9): 105-111.

⑤ 黄学华. 安徽农村金融发展现状、问题及对策 [J]. 江淮论坛, 2006 (6): 72-77.

⑥ 曹协和. 转轨期中国农村金融体系创新与制度安排 [D]. 沈阳: 东北大学, 2008.

加强政策性金融机构的作用，创新产品和服务等①。彭艺（2010）对我国农村金融体系的历史演进与发展进行了研究，梳理了新中国成立以后我国农村金融的发展历程。我国农村金融体系已日趋完善，形成了包括政策性、商业性、合作性金融机构组成的金融体系②。孙刚和齐明（2010）对中国农村金融体系的问题及其解决方案进行研究。在分析了农村金融体系的发展历程、现状和存在的问题之后，给出了农村金融体系改革的构想：加大政策扶持力度，对各类农村金融机构进行改革，发展新型农村金融机构等③。武霞（2013）提出了中国农村金融的"三元架构"模式，研究了政策性金融、商业性金融和合作性金融各自实现自身功能并协调配合，共同促进三农发展的历程④。这些学者都是从历史演进和宏观角度对农村金融体系及金融制度进行研究、分析现状及存在的问题，提出的建议都是构建和完善农村金融体系，并不断推进其创新和发展。周立（2020）对新中国成立70年来中国农村金融体系的变化进行了政治经济逻辑的探究，认为"中国农村金融之谜"就是从行政捕获到市场抽取的金融抑制，而在乡村振兴的过程中要将汲取之手变为帮助之手，要跳出"政府—市场"两只手逻辑，引入"政府—市场—社会"的大三角逻辑⑤。

有学者对农村信贷、融资问题进行研究，进而提出对农村金融体系的再造或重构。张庆昉（2011）对我国转型期农户结构、行为特征与农户借贷进行研究。得出结论：我国的农村金融体系不是缺乏供给，而是供给与需求存在错配，因此要对我国的农村金融体系进行再造，发展普惠金融，实现正规金融与非正规金融的良性互动⑥。王定祥等（2011）对农户的信贷需求进行了实证研究，运用 Probit 模型，检验农户信贷需求的影响因素。得出结论：大部分农户都有信贷需求，但真正获得信贷支持的则很少，这与人均收入、耕地面积、生产支出等因素有关⑦。陈啸（2013）利用 Logistic 模型实证研究了农村中小企业融资问题，提出重构农村金融体系的意见：改善农村中小企业融资困境，需

① 钱水土.中国农村金融体制三十年改革的回顾与评价 [J].浙江工商大学学报，2009（3）：5-13.

② 彭艺.我国农村金融体系的历史演进与发展 [J].农业经济，2010（5）：53-54.

③ 孙刚，齐明.中国农村金融体系的问题及其解决方案 [J].社会科学战线，2010（5）：60-69.

④ 武霞.中国农村金融体系"三元架构"模式研究 [D].沈阳：辽宁大学，2013.

⑤ 周立.中国农村金融体系的政治经济逻辑（1949~2019 年）[J].中国农村经济，2020（4）：78-100.

⑥ 张庆昉.转型期农户结构、行为特征与农户借贷 [D].大连：东北财经大学，2011.

⑦ 王定祥，田庆刚，李伶俐，等.贫困型农户信贷需求与信贷行为实证研究 [J].金融研究，2011（5）：124-138.

要重构农村金融服务体系，发挥农村合作性金融、新型农村金融的作用①。郎波（2013）对农户供应链融资的担保模式进行了实证研究，对农户在担保授信模式下的信用水平进行检验，提出要完善我国农村信用体系，推动土地资源进入担保机制，发展农业担保公司的建议②。

农村小微金融机构和非正规金融方面，代表性的观点认为小微金融机构对于提供农村金融服务并促进农村经济发展具有重要意义，但是我国的小微金融机构供给相对较少，需要在运作机制方面进行探索（赵冬青 等，2008）③，同时在供给不足的背景下，非正规金融也是农村正规金融的重要补充，但是需要将其纳入统一的管理监管体系（郭沛，2004）④。许丹丹（2013）通过理论和实证分析了中国农村金融可持续发展的问题，提出了农村金融中的正规金融与非正规金融为农民增收、农村发展和农业增长提供支撑的可持续发展的建议⑤。还有学者从可持续发展、创新、普惠金融等角度，研究农村金融的发展模式与路径。纪敏（2017）对农村金融改革的创新进行研究，提出发展思路：在防范金融风险的前提下，促进农村金融适度竞争，提升农村金融供给的质量，建立农村金融服务体系，提高金融服务实体经济的能力⑥。舒凯彤（2019）对中国农村金融发展的模式与路径选择进行了研究，2017年通过梳理和分析中国农村金融发展的宏观和微观模式，并对我国农村信贷影响因素进行实证分析，得出结论：政府应该优化农村资金配置，以市场自发的力量来调节农村资金流动，这是农村金融发展模式的改革发展方向⑦。陈银娥等（2020）研究中国农村普惠金融发展，对农村普惠金融发展的影响因素进行实证研究，并分析其时空异质性，发现金融市场效率提高及城乡收入比扩大有助于农村普惠金融发展⑧。

对于我国农村金融发展的研究，学者们的研究已经取得了丰硕的研究成果，对于本书的撰写与研究具有极大的参考价值，为下文对乡村振兴中农村金

---

① 陈啸.农村中小企业融资体系研究 [D].太原：山西财经大学，2013.

② 郎波.农村金融与担保机制研究：基于专业农牧担保的实证分析 [D].成都：西南财经大学，2013.

③ 赵冬青，李子奈，刘玲玲.印度微型金融对我国农村金融发展的启示 [J].金融理论与实践，2008（6）：98-101.

④ 郭沛.中国农村非正规金融规模估算 [J].中国农村观察，2004（2）：21-25.

⑤ 许丹丹.中国农村金融可持续发展问题研究 [D].长春：吉林大学，2013.

⑥ 纪敏.农村金融改革的创新 [J].中国金融，2017（10）：27-29.

⑦ 舒凯彤.中国农村金融发展的模式与路径选择 [D].长春：吉林大学，2019.

⑧ 陈银娥，尹湘，金润楚.中国农村普惠金融发展的影响因素及其时空异质性 [J].数量经济技术经济研究，2020（5）：44-59.

融的供给与需求的历史与现状进行的定性分析，以及从空间和时间的两个维度进行的实证分析打下了理论基础。

1.4.3　农村金融发展对农村经济增长的影响研究

大部分学者对于我国农村金融发展对农村经济增长影响的研究得出的结论是：二者是相互促进的关系。学者们总体认为金融可以促进农村经济的发展。姚耀军（2004）使用时间序列计量模型分析得出二者之间存在长期稳定的均衡关系①。董杰（2004）运用了金融发展理论的相关分析方法以及分析工具，研究了农村金融发展与农村经济增长的相关性，得出了结论：农村金融发展促进农村经济增长。在农村金融改革发展进程中，各类金融机构要明确其功能与定位，实现功能互补，共同发挥作用，才能充分发挥金融对农村经济增长的促进作用②。中国农业银行研究室课题组（2007）对金融助推现代农业发展进行了研究，分析了现代农业对金融服务的需求，农村金融要转变传统模式，适应现代农业的发展需要，加强服务现代农业的能力，构建完善的农村金融体系，促进高效率、高效益的农业现代化的实现③。丁武民（2010）对农村发展过程中的金融支持进行了研究，分析了农村金融市场供求状况及其供求不平衡的原因，运用机制设计理论，设计农村金融供给主体的体系，提出构建普惠型农村金融支持体系，以支持农村发展④。丁志国等（2016）探讨了我国农村金融制度建设问题，认为政府在制定政策的过程中要把促进农村经济发展作为主要目标，并在此基础上发挥引导和支持的作用⑤。另外，学者们也关注到了我国农村经济发展和农村金融的区域化差异，在我国不同地区，农村金融影响农村经济发展的因素是不同的，影响的效应也存在差异（丁志国 等，2014；孙玉奎等，2014）⑥⑦。

---

① 姚耀军.中国农村金融发展与经济增长关系的实证分析［J］.经济科学，2004（5）：24-31.

② 董杰.金融发展与农村经济增长研究［D］.成都：西南财经大学，2004.

③ 中国农业银行研究室课题组.提升金融服务层次　助推现代农业发展［J］.农村金融研究，2007（9）：28-35.

④ 丁武民.乡村发展过程中的金融支持研究［D］.青岛：中国海洋大学，2010.

⑤ 丁志国，张洋，覃朝晖.中国农村金融发展的路径选择与政策效果［J］.农业经济问题，2016（1）：68-75.

⑥ 丁志国，张洋，高启然.基于区域经济差异的影响农村经济发展的农村金融因素识别［J］.中国农村经济，2014（3）：4-13.

⑦ 孙玉奎，周诺亚，李丕东.农村金融发展对农村居民收入的影响研究［J］.统计研究，2014（11）：90-95.

除了理论层面的研究之外，我国学者对农村金融影响农村经济发展进行了实证研究。曹协和（2008）利用计量模型实证研究了我国农村金融体系下，农村经济增长与金融发展的关系。得出了结论：二者之间不存在长期均衡关系，我国应进一步加快农村金融体系改革①。黎翠梅（2009）实证分析了不同区域农村金融供给对经济增长的影响，又研究了农村商业信贷、农业政策性信贷、农村民间借贷对农村经济增长的作用，同时，还研究了资金供给的区域差异对区域农村经济增长产生的不同影响。她认为，商业性农村资金非农化，这一现象制约了农村经济增长；农业政策性金融由于没有充分考虑区域差异，因此没有很好地发挥经济促进作用；民间借贷也没有对农民增收产生预期效果②。陈文俊（2011）运用金融深化理论、内生增长理论、时间序列方法，从理论和实证角度研究农村金融发展和农村经济增长的关系，分析二者的关联性、作用机理。他认为二者存在长期均衡关系，并从农村金融发展的规模和效率两方面来研究，规模对农村经济增长的促进作用直接，而效率对其促进的作用不大③。孙健（2012）用山东省县域的面板数据作为样本，用 HHI 指数（赫芬达尔-赫希曼指数）④ 法，分析和测算农村金融市场发展水平，实证分析了包括村镇银行、资金互助社、贷款公司等在内的新型农村金融机构的创新与农村经济增长的关系。研究发现，新型农村金融机构的创新能够优化农村金融市场的结构，增加金融市场的竞争性，这种竞争性的金融业结构对农村地区的经济增长具有促进作用⑤。赵洪丹和朱显平（2015）实证检验了不同时期、不同阶段，我国农村金融发展对农村经济增长的影响，结果显示：随着市场化程度的提升，农村金融对农村经济增长的促进作用也可以提升，这种正向的促进

---

① 曹协和.农村金融理论发展主要阶段评述［J］.财经科学，2008（11）：27-35.

② 黎翠梅.我国农村资金供给的区域差异及其对农村经济增长影响的实证研究［D］.长沙：中南大学，2009.

③ 陈文俊.农村金融发展对农村经济增长的作用机理研究［D］.长沙：中南大学，2011.

④ 赫芬达尔-赫希曼（HHI）指数，是一种测量产业集中度的综合指数。它是一个行业中各市场竞争主体所占行业总收入或总资产百分比的平方和，用来计量市场份额的变化，即市场中厂商规模的离散度。HHI 指数是产业市场集中度测量指标中较好的一个，是经济学界和政府管制部门使用较多的指标。HHI 指数的理论基础实际上源于贝恩（Bain）的结构-经营-表现理论。贝恩提出的这一理论是指，市场结构影响到厂商的经营，并最终决定厂商的表现。随着市场份额的集中，厂商会趋于采用相互勾结策略，最终制定出来的价格会偏离完全竞争市场价格。完全竞争市场中的厂商对自己生产的产品无定价权，它们是市场价格的接受者。因而从社会福利角度看，完全竞争是最理想的市场结构。任何形式的厂商垄断以及随之而产生的高于垄断价格的价格都意味着某种程度的消费者社会福利损失。

⑤ 孙健.金融支持、新型农村金融机构创新与三农发展［D］.济南：山东大学，2012.

作用体现了对我国农村金融进行市场化改革的意义①。孟守卫（2019）研究了农村金融市场结构对中国农业发展的影响，得出的结论是：农村金融市场结构对中国全要素生产率的影响具有区域差异，因此，要进一步促进农业金融市场结构优化升级，从而促进农业可持续发展②。

1.4.4　农村金融发展与农民增收相关研究

不管是发展农村金融促进农业现代化的实现，还是农村金融支持乡村振兴，最终的目的都是实现共同富裕③，让农民收入不断提高，因此，很多学者重点研究农村金融发展对促进农民增收的作用。孙玉奎和冯乾（2014）从正规金融和非正规金融的视角分析了我国农村金融发展与农民收入差距关系，指出正规金融方面满足库兹涅茨假说，但是非正规金融对农民收入的影响并不明显，农村非正规金融发展水平仍有待提高，农民收入差异较大，仍处于倒 U 形库兹涅茨曲线④的左侧⑤。张兵等（2013）以及张兵和翁辰（2015）同样实证了农村金融发展与农村居民内部收入差距和减贫之间的倒 U 形非线性门槛特征⑥⑦。卢立香（2009）实证检验了我国城镇金融发展对农民收入的作用，提出了农村金融改革的一系列建议：农村产权制度改革，农村信用社改革，同时发展新型农村金融机构，构建正规金融与非正规金融竞争与互补的农村金融

---

①　赵洪丹，朱显平.农村金融、财政支农与农村经济发展 [J].当代经济科学，2015（5）：96-108.

②　孟守卫.农村金融市场结构对中国农业发展的影响研究 [D].北京：中央财经大学，2019.

③　廖小文.马克思信用理论与我国农村合作金融制度的完善 [D].漳州：漳州师范学院，2011.

④　库兹涅茨曲线（Kuznets curve），又称倒 U 曲线（inverted U curve）、库兹涅茨倒 U 字形曲线，指美国经济学家西蒙·史密斯·库兹涅茨于 1955 年所提出的收入分配状况随经济发展过程而变化的曲线，是发展经济学中重要的概念。库兹涅茨曲线表明：在经济发展过程开始的时候，尤其是在国民人均收入从最低上升到中等水平时，收入分配状况先趋于恶化，继而随着经济发展逐步改善，最后达到比较公平的收入分配状况，呈颠倒过来的 U 的形状。库兹涅茨曲线中，Y 轴表示的是基尼系数或分配状况，X 轴是时间或收入状况。

⑤　孙玉奎，冯乾.我国农村金融发展与农民收入差距关系研究：基于农村正规金融与非正规金融整体的视角 [J].农业技术经济，2014（11）：65-74.

⑥　张兵，刘丹，郑斌.农村金融发展缓解了农村居民内部收入差距吗？——基于中国省级数据的面板门槛回归模型分析 [J].中国农村观察，2013（3）：19-29.

⑦　张兵，翁辰.农村金融发展的减贫效应：空间溢出和门槛特征 [J].农业技术经济，2015（9）：37-47.

体系，促进我国农村金融的区域均衡发展①。梁雯和张伟（2016）建立 OLS 模型，实证研究城乡一体化、农村物流和农村金融协同对农民收入的影响。得出结论：三者协同发展对农民收入的影响是显著的。农村金融的发展为农村经济提供了资金融通的渠道，而农村物流提供物质流通渠道，完善的物流和资金流系统能够为农民提供就业、创业的大环境，从而提高农民的收入②。孙玉奎等（2014）利用 VAR 模型，实证研究了农村金融发展对农村居民收入的影响。研究发现，我国农村金融发展与农民收入差距之间呈现倒 U 形关系。同时，他发现，前者对后者的影响有限，并存在显著的地区差异③。

1.4.5　乡村振兴及其金融支持的研究

1.4.5.1　乡村振兴的国际研究

乡村振兴并非我国独有的现象，从世界范围来看，西方发达国家和部分发展中国家也出现过这一过程，这些国家在学术层面对乡村振兴进行了深入的研究。西方国家的乡村振兴主要是针对乡村衰退现象展开的（Ojo et al.，2013）④。美国、日本、德国等发达国家以及印度、南非等新型经济体已经经历过或者正在经历乡村衰退的现象。因此，Liu 和 Li（2017）指出，乡村衰退已经成为一个全球现象，城镇化浪潮应当和乡村振兴协同推进⑤。国外学者从乡村振兴的驱动要素和主体作用等方面进行了探讨，重点强调了创新政策、区域协调、政企合作等要素，并指出乡村振兴的主体应当是政府机构和民间社团组织⑥。当然，也有学者针对日本等国家的乡村振兴战略规划和具体政策进行了案例分析⑦。

---

① 卢立香. 中国金融发展对农民收入增长影响的理论与实证研究 [D]. 济南：山东大学，2009.

② 梁雯，张伟. 城乡一体化、农村物流与金融对农民收入的影响研究 [J]. 北京交通大学学报（社会科学版），2016（1）：98-105.

③ 孙玉奎，周诺亚，李丕东. 农村金融发展对农村居民收入的影响研究 [J]. 统计研究，2014（11）：90-95.

④ OJO K A，HAIRUL B N I. Host's supports for voluntourism：a pragmatic approach to rural revitalization [J]. Australian journal of basic and applied sciences，2013，7（4）：393-402.

⑤ LIU Y，LI Y. Revitalize the world's countryside [J]. Nature News，2017，548（7667）：275.

⑥ GLADWIN C H，LONG B F，BABB E M，et al. Rural entrepreneurship：one key to rural revitalization [J]. American journal of agricultural economics，1989，71（5）：1305-1314.

⑦ GREENE M J. Agriculture diversification initiatives：state government roles in rural revitalization [J]. Rural economic alternatives（USA），1988（3）：15-18.

从国内情况来看，尽管我们关注的是农村金融发展对乡村振兴的影响，但是从研究的连续性来看，乡村振兴可以看作是农村经济发展的升华和延续，相关研究已经形成一定的体系并且成果较为丰富。党的十九大之后，乡村振兴开始成为学者研究的热点。但与国外不同的是，我国乡村振兴的出发点并非乡村衰退，而是新时代推进协调发展、建设现代化经济体系的必然要求。对此，现有文献重点从乡村振兴的理论逻辑、科学内涵、战略定位、本质问题、实现路径等方面进行了理论探讨。

廖彩荣和陈美球（2017）从乡村振兴的逻辑内涵和实现路径等方面进行了分析，提出新时代"三农"工作的战略思维、以人民为主的战略主体、多元化的战略内容等乡村振兴的逻辑内涵，以及顶层设计、制度供给、依靠主体、要素流动等具体路径①。陈锡文（2018）从回顾我国农村的改革历史、经验和贡献出发，分析中央提出实施乡村振兴战略的历史逻辑，值得注意的若干制度性问题，包括巩固和完善农村基本经营制度、深化农村集体产权制度改革、实现小农户和现代农业发展有机衔接，最终走出一条具有中国特色的农业现代化道路②。黄祖辉（2018）从把握好乡村振兴和城镇化关系、"二十字"方针内涵、协调好实施路径等角度，为准确把握乡村振兴战略指出了方向③。叶兴庆（2018）提出新时代中国乡村振兴的战略论纲，从战略高度分析了其与新农村建设的区别，并提出促进农业人口占比下降、农业结构优化、健全土地制度以及要素流转机制等具体政策目标④。贺雪峰（2018）则从更加具体的问题着手进行分析，认为乡村振兴战略是要解决城乡发展不平衡问题，是为中国中西部广大落后的农村地区带来福祉，是为农民提供机会和生活保障，即不应当是全面性的、普适性政策，而应当是具有针对性、区别性的促进平衡发展的政策⑤。张晖（2020）认为，实施乡村振兴战略，根本动因是城乡关系融合发展，根本目标是加快推进农业农村现代化，根本举措是建立城乡融合发展机制，根本宗旨是广大农民共享发展成果⑥。刘儒等（2020）从历史的角度追溯

---

① 廖彩荣，陈美球. 乡村振兴战略的理论逻辑、科学内涵与实现路径 [J]. 农林经济管理学报，2017（6）：795-802.

② 陈锡文. 从农村改革四十年看乡村振兴战略的提出 [J]. 农村经营管理，2018，5：6-10.

③ 黄祖辉. 准确把握中国乡村振兴战略 [J]. 中国农村经济，2018（4）：2-12.

④ 叶兴庆. 新时代中国乡村振兴战略论纲 [J]. 改革，2018（1）：65-73.

⑤ 贺雪峰. 关于实施乡村振兴战略的几个问题 [J]. 南京农业大学学报（社会科学版），2018（3）：19-26.

⑥ 张晖. 乡村振兴战略的政治经济学阐释 [J]. 求索，2020（1）：141-148.

了乡村振兴的历史延续，指出实施乡村振兴战略是实现中国梦的必然历史选择；从理论的角度，论述了乡村振兴的理论脉络是遵循了马克思主义乡村发展与城乡关系的理论。他们还提出了实施乡村振兴战略要健全乡村治理体系，走出自治、法治、德治的乡村振兴道路①。姚树荣和周诗雨（2020）提出应以习近平"共建共治共享"社会治理理论引领乡村振兴，乡村振兴应在多元主体的共建共治共享中推进，建立一套共建共治共享的可操作的机制，将乡村振兴与城市化战略协同实施，发挥政府的引领作用，实现共建共治共享的良性循环，增进农民的福祉②。陈锡文（2021）阐述了《中华人民共和国乡村振兴促进法》立法的原因、过程和内容，指出《中华人民共和国乡村振兴促进法》是在为乡村振兴立法，是为了确保乡村振兴政策的稳定性、连续性和权威性，是推进乡村振兴和实现农业现代化的法治保障③。

牛坤玉等（2020）梳理了以往关于研究乡村振兴战略的文献，认为需要建立乡村振兴与其他"三农问题"的衔接机制，保证粮食安全这个基础，继续推进土地制度改革，在此基础上，发挥市场机制的作用，建立健全农村金融市场中有效的融资机制，发挥出农民的内生动力④。

1.4.5.3 农村金融支持乡村振兴研究

在金融支持乡村振兴方面，马克思的生息资本理论和信用与信用制度理论以及以肖、麦金农、戈德史密斯为代表的金融发展理论为相关研究提供了理论基础。我国学者的研究把上述理论应用于乡村振兴方面，从不同的维度开展了系统性的研究，主要包括农村金融支持乡村振兴的必要性、乡村振兴的金融供需、农村小微金融机构和非正规金融等方面的研究。金融支持乡村振兴的必要性方面，主要观点认为乡村振兴战略需要金融服务的支持，金融服务是促进农业农村发展的基础性要素，建成一个市场化、多元化、多层次、广覆盖、可持

---

① 刘儒，刘江，王舒弘.乡村振兴战略：历史脉络、理论逻辑、推进路径 [J].西北农林科技大学学报（社会科学版），2020，3（2）：1-9.

② 姚树荣，周诗雨.乡村振兴的共建共治共享路径研究 [J].中国农村经济，2020（2）：14-29.

③ 陈锡文.责无旁贷推动乡村振兴促进法有效实施 [J].中国人大，2021，6：22.

④ 牛坤玉，钟钰，普蕊喆.乡村振兴战略研究进展及未来发展前瞻 [J].新疆师范大学学报（哲学社会科学版），2020，1（1）：48-62.

续的农村金融体系很有必要（韩国强，2018；李创 等，2018；陆岷峰，2019)①②③。乡村振兴的金融供需方面，主要观点认为我国乡村金融存在供需不均衡，需求大于供给的情况，同时由于农户和乡村企业在资金需求规模和期限方面存在差异，因此需求表现出多层次性，供给方面也需要多层次的金融服务支持（吴比 等，2017；李丹 等，2019)④⑤。21世纪以后，我国经济发展水平、产业结构、城乡格局、金融深化程度、农村制度、金融体制等均发生了显著的变化，那么，金融发展对乡村振兴的影响也必然随之表现出时变性（陈银娥 等，2020)⑥，相关研究也应当体现出这一客观特征。比如，齐红倩和李志创（2018）从农村消费的视角研究了农村金融发展对农村消费的时变特征，发现随着时间推移和金融深化，农村金融发展对消费的影响表现出显著差异⑦。陆岷峰（2019）认为实施乡村振兴发展战略要从乡村金融供给侧结构性改革入手，支持微型金融机构发展，进一步优化金融供给机构的分布，搭建好互联网金融的线上服务平台，不断创新乡村金融产品和服务，大力发展乡村直接金融，引导民间借贷健康发展⑧。杜鑫（2019）对我国农村金融改革与创新进行了研究，提出推进我国农村金融改革与创新，为乡村振兴战略的实施提供金融支持。具体措施包括金融支农的政策体系的健全，建立新型农村金融机构，创新农村金融产品，农村金融生态环境的改善等，更好地为乡村振兴提供有力的金融支持⑨。秦宇（2020）研究了中小银行在乡村振兴中的作用，提出了推动中小银行支持乡村振兴的对策，鼓励中小银行把更多资金配置到农村和农业，扩大中小银行在农村地区的服务覆盖面，建立县、乡、村三位一体的金

---

① 韩国强.金融服务乡村振兴战略的思考［J］.当代金融研究，2018（2）：96-104.

② 李创，吴国清.乡村振兴视角下农村金融精准扶贫思路探究［J］.西南金融，2018（6）：30-36.

③ 陆岷峰.关于乡村金融供给结构性改革支持乡村振兴战略研究［J］.当代经济管理，2019（4）：84-90.

④ 吴比，张灿强.实施乡村振兴战略对农村金融的需求［J］.农村金融研究，2017（12）：40-41.

⑤ 李丹，孟德锋.乡村振兴战略背景下农村金融机构类型与异质性农户融资渠道选择［J］.金融理论探索，2019（3）：54-61.

⑥ 陈银娥，尹湘，金润楚.中国农村普惠金融发展的影响因素及其时空异质性［J］.数量经济技术经济研究，2020（5）：44-59.

⑦ 齐红倩，李志创.我国农村金融发展对农村消费影响的时变特征研究［J］.农业技术经济，2018（3）：110-121.

⑧ 陆岷峰.关于乡村金融供给侧结构性改革支持乡村振兴战略研究［J］.当代经济管理，2019（4）：84-90.

⑨ 杜鑫.我国农村金融改革与创新研究［J］.中国高校社会科学，2019（9）：85-94.

融服务网络，构建起支持乡村振兴的中小银行金融体系①。陆岷峰和徐阳洋（2020）对中国农村金融七十年的发展历程进行了回顾，在促进农村经济发展中，农村金融发挥了主力军作用，在当前实施乡村振兴战略中，农村金融的作用更为关键，因此要进一步完善农村金融供给，改善金融抑制，支持乡村振兴②。孙同全和潘忠（2019）对新中国成立 70 年来，国内学者们对我国农村金融的研究从内容和进程两方面进行了梳理，总结了农村金融研究在不同阶段的研究重点和时代特征，认为之前的研究成果为现阶段的研究提供了丰富的养分，期待学者们研究如何构建满足乡村振兴需求的农村金融体系③。

1.4.6 国内外研究现状评述

通过阅读和研究相关文献后发现，现有文献研究金融对乡村振兴的支持主要按时间脉络从以下方面展开：第一，农村金融发展研究；第二，农村金融发展对农村经济增长影响研究；第三，农村金融发展与农民增收相关研究；第四，乡村振兴及其金融支持的研究。研究中外学者的文献后发现，金融变量的变化能够促进农村经济发展，农村金融深化改革促进了农村经济的发展，在发展中国家，政府的宏观经济政策对农村金融发展有很大影响，进而影响着农村经济增长。研究发现，随着经济的发展，我国的农村金融不断地进行着改革，逐渐形成了现有的农村金融体系，逐渐从"资金外流"支持城市和工业发展的角色回归农村金融的本源——支持农村经济发展，促进农民增收，支持乡村振兴。

现有研究成果对乡村振兴内涵和外延的分析已经十分成熟，也有大量文献关注了金融发展对乡村振兴的支持。但是现有文献在"视角、方法、策略"三个方面仍存不足：一是研究视角方面。现行研究侧重于在宏观层面分析农业发展的金融支持问题，缺乏针对重庆市自身特点实施乡村振兴战略中的金融支持研究。二是研究方法方面。现行研究侧重于乡村振兴战略实施中金融支持重要性的定性论述，缺乏金融服务乡村振兴战略的影响效应与效率水平定量评估。三是支持策略方面。现行研究侧重于金融服务乡村振兴战略的现状与困境探讨，缺乏金融支持乡村振兴的系统性保障机制与政策框架研究。

---

① 秦宇. 中小银行在乡村振兴中的作用 [J]. 中国金融, 2020 (5)：68-69.
② 陆岷峰, 徐阳洋. 中国农村金融发展七十年历程回顾、启发与展望 [J]. 金融理论与教学, 2020 (4)：1-7.
③ 孙同全, 潘忠. 新中国农村金融研究 70 年 [J]. 中国农村观察, 2019 (6)：2-18.

1.5 研究内容

本书通过 10 个章节来对农村金融支持乡村振兴的效率评价及优化路径进行系统理论与实证研究，具体内容安排如下：

第 1 章绪论。介绍本研究的研究背景与研究目的，阐述金融支持乡村振兴的理论与现实意义，梳理国内外相关文献的研究进展，明确本研究的研究思路、研究内容、研究方法，以及可能的创新与不足之处。

第 2 章农村金融支持乡村振兴的理论基础。首先，在科学界定乡村振兴、农村金融支持等相关概念内涵的基础上，系统梳理了马克思经济学的农业农村发展理论和金融资本理论、农村金融发展理论等相关理论，以丰富本书的理论基础；其次，揭示乡村振兴战略的背景、目标、任务以及农村金融支持乡村振兴的地位、作用和着力点，论述农村金融支持乡村振兴的直接和间接作用机制。

第 3 章农村金融支持乡村振兴的历史与现实考察。将制度经济学和史学研究的方法结合起来，从理论的角度对农村金融支持乡村振兴的历史与现实进行全面考察，为后文农村金融支持乡村振兴的路径优化奠定现实基础。

第 4 章农村金融支持乡村振兴的现状分析。首先，利用省级层面的宏观统计数据，围绕产业兴旺、生态宜居、乡风文明、治理有效和生活富裕五个维度，对重庆市乡村振兴的发展现状进行剖析，并从农村金融机构、从业人员、涉农信贷、农业保险业务等层面，分析重庆农村金融的发展情况；其次，利用微观调查数据，对重庆市实施乡村振兴的金融需求状况进行分析，并考察重庆市金融服务乡村振兴的既有政策措施、金融支持品种、力度和效果等，旨在对重庆市乡村振兴中的金融服务供需现实状态有一个清晰的认识，以期为金融机构的金融服务供给方式创新提供实际证据。

第 5 章农村金融支持乡村振兴的效率评价。构建衡量重庆市农村金融服务和乡村振兴战略的指标体系，评价近年来重庆市农村金融和乡村振兴发展的状况，并检验重庆市农村金融发展与乡村振兴实施的长期均衡关系。此外，本章还基于全国省级层面的宏观统计数据，采用数据包络法（DEA）评价农村金融服务乡村振兴的空间差异化效率，以此分析重庆市金融支持乡村振兴的效率在国内所处的水平。

第 6 章农村金融支持乡村振兴的问题及成因分析。本章进一步利用微观调查数据，对农村金融支持乡村振兴的问题和成因进行分析，旨在为后文从金融机构和政府视角进行金融支持乡村振兴的建议提供坚实的证据。

第 7 章农村金融支持乡村振兴的国内外经验借鉴。选择美国、法国、日本和韩国、印度等国家，以及国内诸如四川省成都市、广东省广州市、广东省湛江市、江苏省东台市等典型地区的实践探索进行分析，并对重庆市农村金融支持乡村振兴战略提出有益的建议。

第 8 章农村金融支持乡村振兴的长效机制构建。本章论述了农村金融支持乡村振兴长效机制构建的必要性，并从政府支持机制、金融服务机制、风险保障机制、农村产权运作机制、涉农企业带动机制、农户内生造血机制六个层面建立起农村金融支持乡村振兴的长效机制。

第 9 章农村金融支持乡村振兴的优化路径。金融机构作为重庆市乡村振兴金融服务的具体提供者，对提升乡村振兴金融服务效率、效能具有决定作用，客观需要银行、担保、保险、基金等多元化的金融机构协同参与，参与的具体路径包括成立乡村金融服务事业部，乡村金融产品与服务流程优化，加强金融与科技的协作，建立科技创业金融服务体系，推行乡村产权抵押贷款，开展乡村普惠金融服务，提供区域产业差异化金融服务，加强乡村金融风险的内部管控模式的创新等。

第 10 章农村金融支持乡村振兴的政策保障。为了引导金融机构积极支持乡村振兴，本章从政府的角度对政策和制度创新提出有益的建议。包括：发展高品质乡村产业经营主体培育金融需求，加快完善现代乡村金融服务组织体系，优化乡村振兴中金融服务的支付环境，借助农村"三变"改革促进农村资产资本化，加强乡村振兴中财税与金融的协调配合，健全和推广乡村产权抵押融资政策体系，加快农村产权与交易制度体系改革，完善乡村金融服务风险多元化共担机制，完善金融支持乡村振兴的信贷、保险、担保政策，建立和完善乡村振兴的金融服务考核奖惩机制。

1.6 研究思路

本书遵循"理论构建—微观行为—宏观效应—对策研究"的逻辑思路进行研究内容的安排。首先，在理论层面辨析乡村振兴战略和金融服务创新等核心概念与相关理论，诠释农村金融发展作用乡村振兴战略的理论机制；其次，基于重庆市十余区（县）的微观调查数据，剖析当前重庆市乡村振兴战略实施过程中的金融服务需求与供给现状、问题及成因；再次，基于宏观统计数据实证金融服务发展对乡村振兴战略的影响效应，科学评价金融支持乡村振兴的效率水平；最后，在分析重庆市金融服务乡村振兴中存在的问题及成因，借鉴国内外先进经验的基础上，构建金融服务乡村振兴战略的长效机制、优化路径与政策保障。

1.7　研究方法

本书采用的研究方法包括以下五种：

一是文献研究法。通过查阅国内外有关财税金融服务创新、乡村振兴战略实施、财税金融与乡村振兴战略等主题的相关文献资料，从理论上厘清财税金融支持乡村振兴战略实施的机理，夯实本书的理论基础。

二是抽样调查法。采用随机抽样调查法，对重庆市新型农业经营主体参与乡村振兴战略的金融服务需求进行呈现，并根据企业生命周期理论对重庆市乡村振兴中的金融需求趋势进行判断，以期为金融机构开展金融创新与金融供给提供实际证据。

三是深度访谈法。要让本书研究真正"接地气"，单纯对文献资料进行分析是不够的，单纯对实际收集的数据资料进行分析也是不够的，还需要听取不同的意见。因此，在本书研究的对策部分，将对典型地区相关主管部门及其负责人采取深度访谈的方式，以了解真实情况。

四是计量分析法。运用因子分析法，评价重庆市农村金融和乡村振兴发展现状；运用协整分析，刻画农村金融发展与乡村振兴实施的长期均衡关系；运用数据包络法，分析重庆市农村金融对乡村振兴的支持效率。

五是案例分析法。选择美国、法国、日本和韩国、印度等国家，以及国内诸如四川省成都市、广东省广州市、广东省湛江市、江苏省东台市等典型地区的实践探索进行经验分析，并对重庆市农村金融支持乡村振兴战略提出有益的启示。

1.8 研究创新

本书的研究创新主要有以下几个方面：

（1）学术思想的创新。将农村建设理论、农村金融理论及金融发展理论融入金融服务乡村振兴战略的作用机理分析，在理论层面拓展农村金融理论和乡村振兴战略理论及两者有机结合的分析框架；将协同学、系统学思想融入金融服务乡村振兴的机制设计，实现跨学科的融合。

（2）研究内容的创新。研究金融服务乡村振兴战略的影响效应与效率评价，奠定了金融支持乡村振兴的实证基础；研究乡村振兴战略中金融服务供需现状、问题及成因，奠定了金融服务乡村振兴的机制设计与政策创新的现实依据。

（3）研究方法的创新。借鉴社会学中的田野调查方法，对新型农业经营主体、政府部门以及金融机构进行实地调研，利用深度访谈、问卷调查等方式对微观对象数据、资料进行采集；将机制设计理论、协同创新理论嫁接到乡村振兴的金融支持机制与政策研究中，是一种新的尝试。

2 农村金融支持乡村振兴的理论基础

首先，本章界定了乡村振兴战略、农村金融服务、农村金融支持乡村振兴战略等概念的核心内涵，系统梳理了马克思经济学的农业农村发展理论和金融资本理论、农村金融发展理论等相关理论，奠定了本书的理论基础；其次，揭示乡村振兴战略的背景、目标、任务以及农村金融支持乡村振兴的地位、作用和着力点，论述农村金融支持乡村振兴的直接作用机制和间接作用机制，为后文实证分析提供理论依据。

2.1 农村金融支持乡村振兴相关概念

2.1.1 乡村振兴战略

党中央、国务院历来把"三农"问题作为关系我国国计民生的根本性问题，以习近平同志为核心的党中央更是把解决好农业、农村、农民问题作为全党工作的重中之重。实施乡村振兴战略主要通过我国城乡融合发展的机制和政策把我国乡村建设成为产业兴旺、生态宜居、乡风文明、治理有效、生活富裕的现代化乡村，推动乡村的多功能发展。其主要体现在：巩固和完善农村基本制度，创新人地产钱解决办法；加强城乡融合，三产融合发展；坚持农业农村优先发展，落实乡村战略总要求（苏晓伟，2018）。

乡村振兴战略主要有以下几个特征：第一，创新性。乡村振兴战略首次提出了城乡融合发展的思想，打破了我国长久以来的城乡二元经济体制，为小农户向现代农业发展奠定了基础。第二，系统性。"二十字"的总要求涵盖了政治、经济、生态发展等多个方面，与我国"五位一体"总布局相衔接。同时，把乡村振兴作为全党全社会的共同行动，为乡村振兴建立起了全面系统的工程。第三，阶段性。中央农村工作会议提出实现乡村振兴目标必须分三步走：2020 年，乡村振兴制度框和政策体系基本形成；2035 年，农业农村现代化基本实现；2050 年，乡村全面振兴，全面实现农业强、农村美、农民富。第四，全局性。乡村振兴战略为我国解决"三农"问题提供了理论指引和行动指南，在我国社会主要矛盾为人民日益增长的美好生活需要和不平衡不充分的发展之间的矛盾这一背景下，为实现"两个一百年"奋斗目标和中华民族伟大复兴中国梦提供了指导。

2.1.2 农村金融服务

农村金融服务的概念可以从宏观层面和微观层面两个方面来阐释。从宏观层面来看，农村金融服务是指金融机构为实现国家战略意图提供具有社会意义的业务活动以促进农村经济与社会的发展。从微观层面来看，农村金融服务包括存贷款、理财投资、金融信息咨询、证券交易、保险和期货等一系列服务和为提高金融服务质量和速度而提出的政策措施。

金融作为现代经济的核心，支持乡村振兴不仅是其必须履行的政治责任和担当，支持乡村振兴的过程也是金融业自身健康、平衡、高效发展的过程。分析金融支持所带来的影响，对于缩小城乡贫富差距，推动一、二、三产业融合，建设水清岸绿美好家园，促进乡村振兴起着举足轻重的作用。

2.1.3 农村金融支持与乡村振兴战略

（1）农村金融支持乡村振兴战略的内涵。

乡村振兴离不开金融的支持。我国要如期实现第一个百年奋斗目标并向第二个百年奋斗目标迈进，最艰巨、最繁重的任务在农村，最广泛、最深厚的基础在农村，最大的潜力和后劲也在农村。要按照"产业兴旺、生态宜居、乡风文明、治理有效、生活富裕"的总要求，把资金更多地投向乡村振兴的重点领域和薄弱环节。城乡融合发展，农村一、二、三产业融合发展、现代农业体系建设等方面做好金融服务，不断提升金融服务乡村振兴的能力和效率，满足人民群众对美好生活的需求。

金融支持乡村振兴，要持续加大培育新型农业经营主体，助力农业变强；要大力推广绿色农业，助力农村变美；要着重解决农民多样化资金需求，助力农民变富。乡村振兴战略的实施，一方面对现有农村金融提出了严峻挑战，另一方面，也将为农村金融服务开辟巨大的空间。随着乡村振兴战略的全面深入实施，现代农业产业系统将加速形成，农业基础设施建设力度将不断加大，农民收入水平和生活水平将持续提高，"三农"将进入绿色发展和城乡融合发展的新时代，进而带动农村金融格局的优化，以及农村金融体系的持续健康发展。

（2）金融支持乡村振兴战略的内容。

一是大力推进城乡融合发展。城乡融合发展必须打破资源要素流动，尤其是人口流动的障碍，在流动中实现真正的融合发展。金融机构要积极支持农民进城就业、生活，对进城务工人员加强金融服务，在生产经营、购房、子女教育等方面提供信贷支持。同时，也要积极支持进城务工人员返乡创业，提供全方位金融服务，通过进城务工人员返乡创业带动农村发展；要积极关注工商资本下乡的新趋势，积极提供其需要的配套金融服务，努力建设活力农村。

二是推动农村一、二、三产业融合发展。目前，农村的二、三产业仍然是我国农村发展的短板，金融机构要通过金融信贷的投入、金融产品的创新，来促进农村二、三产业发展。重点要支持农产品加工企业改造旧工艺，研发或引进先进加工技术，通过精深加工，延伸农业产业链条，实现农产品附加值的增值；支持农产品收储、运输、批发、零售等各个环节相关企业的发展；支持农业生产服务体系建设，尤其要加大对农业服务、机耕机种、农业科技推广运用等的支持力度，构建现代农业产业体系、生产体系、经营体系；支持现代信息技术、大数据、云计算、人工智能等科技手段在农业中的运用，通过"互联网＋现代农业"等形式，对传统农业实行革命性改造；推动农村"三站融合"工作深入发展，完善功能，扩大运用；大力支持培育农村休闲、旅游、观光等新兴业态。

三是支持农村基础设施建设。党的十九大报告提出了"把公共基础设施建设的重点放在农村，推动农村基础设施建设提档升级"的要求，地方政府的建设规划，要积极支持农村基础设施建设，不断改善农村基础硬件条件。重点支持农村自来水供应、乡村公路建设、电力电信宽带基站等铺设，提升农村综合基础设施承载能力；支持农村生活垃圾、污水处理等工程建设以及农村生态环境整治，努力建设美丽乡村。大力支持农村增加社会公共品供给，改善农村办学条件，提高办学质量，推动农村教育事业向高质量发展；提高乡村诊所医疗水平，为农民提供优质的健康保健服务，推动农村医疗卫生事业发展；支持乡村文化娱乐、休闲购物等设施的建设，努力建设宜居乡村。

四是支持农业供给侧结构性改革。乡村振兴的根本出路是通过农业供给侧结构性改革，实现农业高质量发展，而质量兴农正是供给侧结构性改革的难点。金融机构要配合质量兴农战略的实施，围绕提高农业生产的质量和效益，推动农业大户、家庭农场、农业合作社向优质高效农业转型，提高农业经营主体的经营效益；推动农产品生产由增产导向向提质导向的转向，支持高效优质农产品扩大生产规模，更好地满足人民日益增长的美好生活需要，从根本上提升农业生产的质效。

五是支持农业绿色发展。推进农业绿色发展，有助于减少农业的无效供给，实现高效农业发展，推动农业农村可持续发展。绿色兴农必须要完善农业生产力布局，科学使用农业投入品，加强产地环境保护与治理，加强质量导向型科技攻关，加快提升农机装备质量水平，大力推广绿色高效设施装备和技术等，全面推进农业标准化生产，这些都需要金融机构的大力支持。

六是支持农村文化传承发展。坚持物质文明和精神文明一起抓，支持乡村传承发展，提升农耕文明。大力弘扬信用文化，营造诚实守信的乡村风气；重点支持各类宣传平台的建设以及优秀乡土文化成果的创造，用先进文化占领农村阵地，弘扬社会主义核心价值观；大力支持古村巷的修缮维护，保护乡村古风古貌，推动文明乡村的建设。

2.2　农村金融支持乡村振兴相关理论

2.2.1　马克思经济学的农业农村发展理论

2.2.1.1　马克思的城乡关系理论

我国实施乡村振兴战略实际上是在解决城乡关系的问题，是要改变乡村对城市的从属地位。实现现代化是城市和乡村、工业和农业一起的现代化，因此研究城乡关系的问题是实施乡村振兴战略的出发点。

在经典马克思主义体系中，城乡关系决定着社会变迁。马克思在《哲学的贫困》中指出："城乡关系一改变，整个社会也跟着改变。"[①] 人类社会的早期，城市还没有出现，无所谓城乡分离，甚至对立。后来随着社会分工的加深，城乡开始分离。马克思、恩格斯在《德意志意识形态》中指出："物质劳动和精神劳动的最大的一次分工，就是城市和乡村的分离。"[②] 马克思在《资本论》中指出："一切发达的、以商品交换为中介的分工的基础，都是城乡的

---

① 马克思，恩格斯. 马克思恩格斯文集：第1卷［M］. 中共中央马克思恩格斯列宁斯大林著作编译局，译. 北京：人民出版社，2009：618.

② 马克思，恩格斯. 马克思恩格斯选集：第1卷［M］. 中共中央马克思恩格斯列宁斯大林著作编译局，译. 北京：人民出版社，2012：104-105.

分离。"① 社会分工和商品交换的发展"引起城乡的分离和城乡利益的对立"②。在马克思看来，城乡对立是个历史范畴③。"城乡之间的对立是随着野蛮向文明的过渡、部落制度向国家的过渡、地域局限性向民族的过渡而开始的，它贯穿着文明的全部历史直至现在。"④ 马克思和恩格斯用城乡关系来区分社会发展阶段："古典古代的历史，是城市的历史，不过这是以地上财产和农业为基础的城市；亚细亚的历史是城市和乡村无差别的统一；中世纪是从乡村这个历史舞台上出发的，然后它的进一步发展是在城市与乡村的对立中进行的；现在的历史是乡村城市化，而不像古代那样城市乡村化。"⑤ "中世纪那样工业在城市中和在城市的各种关系上模仿着乡村的组织"⑥，如马克思、恩格斯所说："劳动者集结在一定的空间是他们进行协作的条件，空间的聚集产生城镇，促进了协作，协作反过来又促进了聚集空间。"⑦ 随着工业和城市的发展，"城市已经表明了人口、生产工具、资本、享受和需求的集中这个事实；而在乡村则是完全相反的情况：隔绝和分散"⑧，"它使城市最终战胜乡村"⑨。城乡的这种对立"破坏了农村居民的精神发展的基础和城市居民的肉体发展的基础"⑩，"个人屈从于分工、屈从于他被迫从事的某种活动，这种屈从现象把一部分人变为受局限的城市动物，把另一部分人变为受局限的乡村动物，并

---

① 马克思，恩格斯.马克思恩格斯选集：第2卷 [M].中共中央马克思恩格斯列宁斯大林著作编译局，译.北京：人民出版社，2012：215.

② 马克思，恩格斯.马克思恩格斯选集：第1卷 [M].中共中央马克思恩格斯列宁斯大林著作编译局，译.北京：人民出版社，1995：68.

③ 陈明生.马克思主义经典作家论城乡统筹发展 [J].当代经济研究，2005 (3)：13-16.

④ 马克思，恩格斯.马克思恩格斯选集：第1卷 [M].中共中央马克思恩格斯列宁斯大林著作编译局，译.北京：人民出版社，2012：104-105.

⑤ 马克思，恩格斯.马克思恩格斯文集：第8卷 [M].中共中央马克思恩格斯列宁斯大林著作编译局，译.北京：人民出版社，2009：131.

⑥ 马克思，恩格斯.马克思恩格斯文集：第8卷 [M].中共中央马克思恩格斯列宁斯大林著作编译局，译.北京：人民出版社，2009：6.

⑦ 马克思，恩格斯.马克思恩格斯文集：第5卷 [M].中共中央马克思恩格斯列宁斯大林著作编译局，译.北京：人民出版社，2009：382.

⑧ 马克思，恩格斯.马克思恩格斯文集：第1卷 [M].中共中央马克思恩格斯列宁斯大林著作编译局，译.北京：人民出版社，2009.

⑨ 马克思，恩格斯.马克思恩格斯选集：第3卷 [M].中共中央马克思恩格斯列宁斯大林著作编译局，译.北京：人民出版社，1995：215.

⑩ 马克思，恩格斯.马克思恩格斯文集：第9卷 [M].中共中央马克思恩格斯列宁斯大林著作编译局，译.北京：人民出版社，2009.

且每天都不断地产生他们利益之间的对立"①。"如果说城市工人比农村劳动者发展，这只是由于他的劳动方式使他生活在社会之中，而农村劳动者的劳动方式则使他直接靠自然生活"②。城乡对立造成了大多数人生活的困苦和社会的矛盾，并成为社会进一步发展的障碍。马克思设想，未来的社会不是固化城乡的分裂，而是城乡在新的基础上平衡、协调，即实现城乡融合③。"消灭这种对立日益成为工业生产和农业生产的实际要求"④，"把农业和工业结合起来，促使城乡对立逐步消灭"⑤。促进城乡融合要"结合城市和乡村生活方式的优点而避免两者的偏颇和缺点"⑥。

马克思和恩格斯一方面指出了城市发展对于扩大城乡差别的消极影响，另一方面也实事求是地高度评价城市的作用及其对于经济和社会发展的意义。正如恩格斯在《英国工人阶级状况》中所指出的那样："工业的迅速发展产生了对人手的需要；工资提高了，工人成群结队地从农业地区融入城市。"⑦ "城市越大，搬到里面来就愈有利，因为这里有铁路，有运河，有公路；可以挑选的熟练工人越来越多……这里有顾客云集的市场和交易所，这里跟原料市场和成品销售市场有直接的联系"⑧。正如马克思所说："如果没有大城市，没有它们推动社会意识的发展，工人决不会像现在进步得这样快。"⑨ "劳动者在有计划地同别人共同工作中，摆脱了他的个人局限，并发挥出他的种属能力"⑩。"城市的繁荣也使农业摆脱了中世纪的最初的粗陋状态，不仅大片的荒地被开垦出

---

① 马克思，恩格斯.马克思恩格斯选集：第1卷［M］.中共中央马克思恩格斯列宁斯大林著作编译局，译.北京：人民出版社，1995：114.

② 马克思，恩格斯.马克思恩格斯全集：第34卷［M］.中共中央马克思恩格斯列宁斯大林著作编译局，译.北京：人民出版社，2008：259.

③ 陈明生.马克思主义经典作家论城乡统筹发展［J］.当代经济研究，2005（3）：13-16.

④ 马克思，恩格斯.马克思恩格斯全集：第3卷［M］.中共中央马克思恩格斯列宁斯大林著作编译局，译.北京：人民出版社，1995：642.

⑤ 马克思，恩格斯.马克思恩格斯全集：第4卷［M］.中共中央马克思恩格斯列宁斯大林著作编译局，译.北京：人民出版社，1974：294.

⑥ 马克思，恩格斯.马克思恩格斯选集：第1卷［M］.中共中央马克思恩格斯列宁斯大林著作编译局，译.北京：人民出版社，1972：220.

⑦ 马克思，恩格斯.马克思恩格斯选集：第2卷［M］.中共中央马克思恩格斯列宁斯大林著作编译局，译.北京：人民出版社，1957：296.

⑧ 马克思，恩格斯.马克思恩格斯全集：第2卷［M］.中共中央马克思恩格斯列宁斯大林著作编译局，译.北京：人民出版社，1957：301.

⑨ 马克思，恩格斯.马克思恩格斯选集：第3卷［M］.中共中央马克思恩格斯列宁斯大林著作编译局，译.北京：人民出版社，1995：215.

⑩ 马克思，恩格斯.马克思恩格斯文集：第5卷［M］.中共中央马克思恩格斯列宁斯大林著作编译局，译.北京：人民出版社，2009：382.

来了……使农业普遍地受到了良好的影响"①。"在再生产的行为本身中，客观条件改变着，例如乡村变为城市，荒野变为消除了林木的耕地等等"②。"劳动者在城乡双向流动，通过'外溢效应'提升劳动者观念和技能，如果没有大城市，没有它们推动社会意识的发展，工人绝不会像现在进步得这样快"③。"城镇化产生的大工业聚集着社会的历史动力"④。

马克思和恩格斯认为城乡对立"只是工农业发展水平还不够高的表现"⑤。如马克思所说："一定的生产方式或一定的工业阶段始终是与一定的共同活动方式或一定的社会阶段联系着的，而这种共同活动方式本身就是'生产力'。⑥"马克思、恩格斯认为，"乡村农业人口的分散和大城市工业人口的集中，仅仅适应于工农业发展水平还不够高的阶段，这种状态是一切进一步发展的障碍⑦。"在生产力水平较低时，城镇化必然伴随着而非造成乡村衰落，两者的共同表征是乡村人口持续减少，流向城镇，共同事实结果是促进乡村生产力提高、农民收入增加、乡村基础设施和生活环境改善。但城乡资本有机构成的差异，城镇发展远快于乡村，差距日益拉大。只有当城镇化较充分发展，引致生产力水平较高时，差距才会逐步缩小至城乡在收入、生活、生态等方面的等值线，即实现城乡融合。所以只有把生产发展到能够满足全体成员需要的规模……通过消除旧的分工，进行产业教育、变换工种、所有人共同享受大家创造出来的福利，通过城乡的融合，使社会全体成员的才能得到全面的发展"⑧。

随着生产力的高度发展，消灭城乡对立是完全可以实现的。当物质条件、

---

① 马克思，恩格斯. 马克思恩格斯文集：第2卷［M］. 中共中央马克思恩格斯列宁斯大林著作编译局，译. 北京：人民出版社，2009：222.

② 马克思，恩格斯. 马克思恩格斯全集：第46卷［M］. 中共中央马克思恩格斯列宁斯大林著作编译局，译. 北京：人民出版社，1979：494.

③ 马克思，恩格斯. 马克思恩格斯文集：第8卷［M］. 中共中央马克思恩格斯列宁斯大林著作编译局，译. 北京：人民出版社，2009：436.

④ 马克思，恩格斯. 马克思恩格斯文集：第5卷［M］. 中共中央马克思恩格斯列宁斯大林著作编译局，译. 北京：人民出版社，2009：579.

⑤ 马克思，恩格斯. 马克思恩格斯全集：第1卷［M］. 中共中央马克思恩格斯列宁斯大林著作编译局，译. 北京：人民出版社，1972：223.

⑥ 马克思，恩格斯. 马克思恩格斯文集：第1卷［M］. 中共中央马克思恩格斯列宁斯大林著作编译局，译. 北京：人民出版社，2009：532-533.

⑦ 马克思. 资本论：第1卷［M］. 中共中央马克思恩格斯列宁斯大林著作编译局，译. 北京：人民出版社，1975：243.

⑧ 马克思，恩格斯. 马克思恩格斯文集：第3卷［M］. 中共中央马克思恩格斯列宁斯大林著作编译局，译. 北京：人民出版社，2009：689.

社会条件、农村经济组织条件达到一定程度后，城乡关系就会从对立走向融合①。"消灭城乡之间的对立，是共同体的首要条件之一，这个条件又取决于许多物质前提"②。正如马克思所说："随着社会发展，用来满足共同需要的部分会明显地增加，并随着新社会的发展而不断增长。"③"给社会提供足够的产品以满足它的全体成员需要，才能促使城乡之间的差别逐渐消失"④。这样"才能为一个更高级的、以每个人的全面而自由的发展为基本原则的社会形态创造现实基础"⑤。生产力的发展可以体现在"大工业在全国尽可能均衡地分布"，这是"消灭城市和乡村分离的条件"⑥。也就是说，工业不一定只分布在城市，要让工业在城市和乡村均衡分布，由产业带动乡村经济的发展。马克思提出要消灭城乡对立，实现城乡融合。马克思、恩格斯在《德意志意识形态》中指出："消灭城乡之间的对立，是共同体的首要条件之一。"⑦ 而且，"城市和乡村的对立的消灭已经成为工业生产本身的一种必需，成为农业生产和公共卫生事业发展的必需"⑧。

消灭城乡对立的社会条件是什么呢？马克思说："如果城市的优势是必然的，那么，只有把居民吸引到城市去，才能削弱这种优势的片面性。"⑨"如果城市必然使自己处于特权地位，使乡村处于从属的、不发达的、无助的、闭塞的状态，那么，只有农村居民流入城市，只有农业人口和非农业人口混合和融合起来，才能使农村居民摆脱孤立无援的地位。因此，最新的理论在回答浪漫主义的反对和怨言和牢骚时指出，正是农业人口和非农业人口的生活条件接近

① 赵洋. 当代中国城乡关系的变迁 [J]. 科学社会主义，2011 (6)：120-123.

② 马克思，恩格斯. 马克思恩格斯文集：第3卷 [M]. 中共中央马克思恩格斯列宁斯大林著作编译局，译. 北京：人民出版社，2009：557.

③ 马克思，恩格斯. 马克思恩格斯选集：第3卷 [M]. 中共中央马克思恩格斯列宁斯大林著作编译局，译. 北京：人民出版社，1995：523.

④ 马克思，恩格斯. 马克思恩格斯文集：第8卷 [M]. 中共中央马克思恩格斯列宁斯大林著作编译局，译. 北京：人民出版社，2009：861.

⑤ 马克思，恩格斯. 马克思恩格斯全集：第23卷 [M]. 中共中央马克思恩格斯列宁斯大林著作编译局，译. 北京：人民出版社，1972：649.

⑥ 马克思，恩格斯. 马克思恩格斯选集：第2卷 [M]. 中共中央马克思恩格斯列宁斯大林著作编译局，译. 北京：人民出版社，1995：647.

⑦ 马克思，恩格斯. 马克思恩格斯文集：第1卷 [M]. 中共中央马克思恩格斯列宁斯大林著作编译局，译. 北京：人民出版社，2009：557.

⑧ 马克思，恩格斯. 马克思恩格斯文集：第9卷 [M]. 中共中央马克思恩格斯列宁斯大林著作编译局，译. 北京：人民出版社，2009：313.

⑨ 列宁. 列宁全集：第2卷 [M]. 中共中央马克思恩格斯列宁斯大林著作编译局，译. 北京：人民出版社，1984：196.

才创造了消灭城乡对立的条件"①。"只有使人口尽可能地平均分布于全国……才能使农村人口从他们数千年来几乎一成不变地在其中受煎熬的那种与世隔绝的和愚昧无知的状态中挣脱出来"②。正如经典马克思主义理论,"生产力只是在狭窄的范围内和孤立的地点上发展着"(指城市),这样的"乡愁"无疑是"留恋那种原始的丰富,是可笑的,相信必须停留在那种完全虚空之中,也是可笑的"③。

2.2.1.2 马克思的农村集体经济理论

实施乡村振兴战略的最终目的是实现共同富裕,而实现共同富裕和乡村振兴的有效途径是发展集体经济。正如马克思指出:"人类始终只提出自己能够解决的任务,因为只要仔细考察就可以发现,任务本身,只有解决它的物质条件已经存在或者至少是在生成过程中的时候,才能产生。"④

农村集体经济是社会主义公有制经济的重要组成部分。公有制是"由社会全体成员组成的共同联合体来共同而有计划地尽量利用生产力"⑤,"按照一个统一的大的计划协调地配置自己的生产力的社会,才能使工业在全国分布得最适合于它自身的发展和其他生产要素的保持或发展"⑥。马克思认为,要发展农村集体经济,"土地公有制,是构成集体生产和集体占有的自然基础","把土地交给联合起来的农业劳动者,就等于使整个社会只听从一个生产者阶级摆布""一旦土地的耕作由国家控制,为国家谋利益,农产品自然就不可能因个别人滥用地力而减少""生产资料的全国性的集中,这将成为由自由平等的生产者的各联合体所构成的社会的全国性的基础"⑦。集体经济就是在土地集体所有的基础上,集体成员合作进行生产。"把农民的私人生产和私人占

---

① 列宁. 列宁全集:第2卷 [M]. 中共中央马克思恩格斯列宁斯大林著作编译局,译. 北京:人民出版社,1984:197.

② 马克思,恩格斯. 马克思恩格斯选集:第1卷 [M]. 中共中央马克思恩格斯列宁斯大林著作编译局,译. 北京:人民出版社,1995:243.

③ 马克思,恩格斯. 马克思恩格斯文集:第8卷 [M]. 中共中央马克思恩格斯列宁斯大林著作编译局,译. 北京:人民出版社,2009:56.

④ 马克思,恩格斯. 马克思恩格斯选集:第2卷 [M]. 中共中央马克思恩格斯列宁斯大林著作编译局,译. 北京:人民出版社,1995:33.

⑤ 马克思. 资本论:第3卷 [M]. 中共中央马克思恩格斯列宁斯大林著作编译局,译. 北京:人民出版社,1975:215.

⑥ 马克思. 资本论:第3卷 [M]. 中共中央马克思恩格斯列宁斯大林著作编译局,译. 北京:人民出版社,1975:637.

⑦ 马克思,恩格斯. 马克思恩格斯文集:第3卷 [M]. 中共中央马克思恩格斯列宁斯大林著作编译局,译. 北京:人民出版社,2009.

有，转变为合作社集体生产与共同占有，从而逐渐形成集体经济生产方式"①。马克思指出，"如果不以一定方式结合起来共同劳动和互相交换其劳动成果，便不能进行生产"②。马克思同时指出，"生产者只有在占有生产资料时才能自由"③。

在农业集体经济下，农民联合起来组成合作社进行生产。因地制宜地建立农村合作社，不断创新集体经济的实现形式。合作社"将是这样一个联合体，在那里，每个人的自由发展是一切人的自由发展的条件"④。"公社从事工业生产和农业生产，把城市和农村生活方式的优点相结合，避免二者的片面性和缺点"⑤。列宁在《论合作社》中认为："现在我们有理由说，对我们来说，合作社的发展也就等于社会主义的发展，与此同时我们不得不承认我们对社会主义的整个看法根本改变了。"⑥ 马克思在《资本论》中阐述：集体经济"产品的一部分重新用作生产资料。这一部分依旧是社会的。而另一部分则作为生活资料由联合体成员消费。因此，这一部分要在他们之间进行分配"⑦。自由人联合作为社会主义公有制经济的本质特征，通过劳动者的自由联合实现生产力发展和劳动者个人全面而自由的发展。"社会化的人，联合起来的生产者，将合理地调节他们和自然之间的物质变换，把它置于他们共同的控制之下，而不让它作为一种盲目的力量来统治自己；靠消耗最小的力量，在最无愧于和最适合于他们的人类本性的条件下来进行这种物质变换。但是，这个领域始终是一个必然王国。在这个必然王国的彼岸，作为目的本身的人类能力的发展，真正的自由王国，就开始了"。"雇佣劳动，也像奴隶劳动和农奴劳动一样，只有一种暂时的和低级的形式，它注定要让位于带着兴奋愉快心情自愿进行的联合劳动"。

① 马克思，恩格斯. 马克思恩格斯全集：第4卷 [M]. 中共中央马克思恩格斯列宁斯大林著作编译局，译. 北京：人民出版社，1995：699.

② 马克思，恩格斯. 马克思恩格斯文集：第1卷 [M]. 中共中央马克思恩格斯列宁斯大林著作编译局，译. 北京：人民出版社，2009：724.

③ 马克思，恩格斯. 马克思恩格斯选集：第4卷 [M]. 中共中央马克思恩格斯列宁斯大林著作编译局，译. 北京：人民出版社，1995：489.

④ 马克思，恩格斯. 马克思恩格斯选集：第1卷 [M]. 中共中央马克思恩格斯列宁斯大林著作编译局，译. 北京：人民出版社，2012：422.

⑤ 马克思，恩格斯. 马克思恩格斯选集：第1卷 [M]. 中共中央马克思恩格斯列宁斯大林著作编译局，译. 北京：人民出版社，1995：240.

⑥ 列宁. 列宁全集：第43卷 [M]. 中共中央马克思恩格斯列宁斯大林著作编译局，译. 北京：人民出版社，1987：367.

⑦ 马克思. 资本论：第1卷 [M]. 中共中央马克思恩格斯列宁斯大林著作编译局，译. 北京：人民出版社，2004：96.

2.2.1.3 马克思的实现人的自由而全面发展理论

实现城乡融合能够促进社会全体成员自由而全面的发展。实施乡村振兴战略要坚持以人为本，实现全体农民自由而全面的发展，让农民能够真正体会到社会经济发展所带来的巨大的幸福感和成就感——这是乡村振兴战略最根本的目的。

马克思、恩格斯说："人本身是自然界的产物，是在自己所处的环境中并且和这个环境一起发展起来的。"[①] "原始社会，由于生产力的束缚，无论个人还是社会，都不能想象会有自由而充分的发展"，[②] "工人变成畸形物……个体本身也被分割开来，成为某种局部劳动的自动的工具"[③]，"为了训练某种单一的活动，其他一切肉体和精神的能力都成了牺牲品"[④]。在资本主义社会，"劳动生产力的提高和劳动量的增大是以劳动力本身的破坏和衰退为代价的"[⑤]，资本主义私有制下，"不是生产者支配生产资料，而是生产资料支配生产者"[⑥]。因此可以说，"社会关系实际上决定着一个人能够发展到什么程度"[⑦]，"人们只有在消除了城乡对立后才能从他们以往历史所铸造的枷锁中完全解放出来"[⑧]，"通过城乡的融合，使社会成员的才能得到全面发展"[⑨]。"由社会全体成员组成的共同联合体来共同地和有计划地利用生产力；把生产发展到能够满足所有人的需要的规模；结束牺牲一些人的利益来满足另一些人的需要的状况；彻底消灭阶级和阶级对立；通过消除旧的分工，通过产业教育、变换工种，所有人共同享受大家创造出来的福利，通过城乡的融合，使社会全体成员

---

① 马克思，恩格斯. 马克思恩格斯全集：第40卷 [M]. 中共中央马克思恩格斯列宁斯大林著作编译局，译. 北京：人民出版社，1972：58.

② 马克思，恩格斯. 马克思恩格斯文集：第8卷 [M]. 中共中央马克思恩格斯列宁斯大林著作编译局，译. 北京：人民出版社，2009：4.

③ 马克思，恩格斯. 马克思恩格斯选集：第3卷 [M]. 中共中央马克思恩格斯列宁斯大林著作编译局，译. 北京：人民出版社，1995：215.

④ 马克思，恩格斯. 马克思恩格斯文集：第9卷 [M]. 中共中央马克思恩格斯列宁斯大林著作编译局，译. 北京：人民出版社，2009：308.

⑤ 马克思，恩格斯. 马克思恩格斯文集：第5卷 [M]. 中共中央马克思恩格斯列宁斯大林著作编译局，译. 北京：人民出版社，2009：579.

⑥ 马克思，恩格斯. 马克思恩格斯文集：第9卷 [M]. 中共中央马克思恩格斯列宁斯大林著作编译局，译. 北京：人民出版社，2009：308.

⑦ 马克思，恩格斯. 马克思恩格斯选集：第3卷 [M]. 中共中央马克思恩格斯列宁斯大林著作编译局，译. 北京：人民出版社，1972：295-335.

⑧ 马克思，恩格斯. 马克思恩格斯选集：第3卷 [M]. 中共中央马克思恩格斯列宁斯大林著作编译局，译. 北京：人民出版社，1995：220.

⑨ 马克思，恩格斯. 马克思恩格斯选集：第1卷 [M]. 中共中央马克思恩格斯列宁斯大林著作编译局，译. 北京：人民出版社，1995：104.

的才能得到全面的发展"①。

2.2.2 马克思的金融资本理论

马克思在《资本论》第3卷中系统地阐述了生息资本理论、信用与信用制度理论和虚拟资本理论,构成其金融资本理论的核心。马克思指出,金融资本是在商品资本和产业资本的基础上发展起来的,本质上是一种社会制度,具有资源配置、资本积累、经济反映和经济调节等社会功能,集信用、杠杆和风险于一身。因此,要发挥金融资本的积极作用,使其有效地调剂社会资金,调节国民经济,服务实体经济发展。实施乡村振兴,需要金融资本的支持,充分发挥农村金融的借贷功能,健全农村信用体系。

2.2.2.1 马克思的生息资本理论

在经典的马克思主义生息资本理论中,生息资本就是能带来利息的资本。马克思在《资本论》中明确指出:"生息资本的形成,它和产业资本的分离,是产业资本本身的发展、资本主义生产方式本身的发展的必然产物。"② "把货币放出即贷出一定时期,然后把它连同利息(剩余价值)一起收回,是生息资本本身所具有的运动的全部形式"③。生息资本的运动形式即 G-G-W-G′-G′ 或者 G-G-W…P…W′-G′-G′,亦可简化为 G-G′,G′=G+△G。"这个△G是利息,即平均利润中不是留在执行职能的资本家手中,而是落到货币资本家手中的部分"④。"利息最初表现为、最初是、并且实际上始终不外是利润即剩余价值的一部分"⑤。生息资本的运动形式被简化,可以说是"在生息资本的场合,资本的运动被简化了,中介过程被省略了"⑥。"在 G-G′ 我们看到了资本的没有概念的形式,看到了生产关系的最高度的颠倒和物化;生息的形态,资本的简单形态,在这种形态中资本是它本身再生产过程的前提:货币或商品独立于

---

① 马克思,恩格斯.马克思恩格斯文集:第1卷 [M].中共中央马克思恩格斯列宁斯大林著作编译局,译.北京:人民出版社,2009:689.

② 马克思.资本论:第3卷 [M].中共中央马克思恩格斯列宁斯大林著作编译局,译.北京:人民出版社,1975:522.

③ 马克思.资本论:第3卷 [M].中共中央马克思恩格斯列宁斯大林著作编译局,译.北京:人民出版社,1975:390.

④ 马克思.资本论:第3卷 [M].中共中央马克思恩格斯列宁斯大林著作编译局,译.北京:人民出版社,1975:392.

⑤ 马克思,恩格斯.马克思恩格斯全集:第23卷 [M].中共中央马克思恩格斯列宁斯大林著作编译局,译.北京:人民出版社,1972:415.

⑥ 马克思,恩格斯.马克思恩格斯全集:第25卷 [M].中共中央马克思恩格斯列宁斯大林著作编译局,译.北京:人民出版社,1974:540.

再生产之外而具有增殖本身价值的能力——资本的神秘化取得了最明显的形式"①。正如马克思所说："生息资本是作为所有权的资本与作为职能的资本相对立的。"②"第一次支出，使资本由贷出者手中转到借入者手中，这是一个法律上的交易，它与资本的现实的再生产过程无关，只是为这个再生产过程作了准备。资本的偿还，使流回的资本再由借入者手中转到贷出者手中，这是第二个法律上的交易，是第一个交易的补充。一个是为现实过程作了准备，另一个则是发生在现实过程之后的补充行为。因此，借贷资本的出发点和复归点，它的放出和收回，都表现为任意的、以法律上的交易为媒介的运动，它们发生在资本现实运动的前面和后面"③。

马克思的生息资本理论，阐述了以借贷为核心的生息资本运动，为本书要研究的以银行类金融机构为主的农村金融资本运动做了重要的理论铺垫，本书充分吸收马克思关于生息资本的理论营养，深入研究银行产业的资本循环规律，并在此基础上，扩展到金融资本如何更好地在农村金融市场发挥作用等方面。

2.2.2.2 马克思的信用与信用制度理论

生息资本的发展必然产生信用，生息资本是信用制度的基础。首先，"随着商品流通的发展，使商品的让渡同商品价格的实现在时间上分离开来的关系也发展起来。……货币成了支付手段"④。接着，由劳动分工产生了货币资本家，开展货币经营业务，主要是为产业资本家和商业资本家保管和兑换货币，提供记账和出纳之类的服务，体现了货币的贮藏功能和支付手段职能。后来，货币资本家将保管的货币有偿借给需要资金的人，借贷业务的出现使这类机构发展成银行，货币的借入和贷出就成了银行的主要业务，银行通过大量吸收社会闲置资金，贷放给资金需求者，从中赚取存贷利息差，获得利润。正如马克思所说："这个运动——以偿还为条件的付出——一般地说就是贷和借的运

---

① 马克思. 资本论：第3卷［M］. 中共中央马克思恩格斯列宁斯大林著作编译局，译. 北京：人民出版社，1975：442.

② 马克思，恩格斯. 马克思恩格斯全集：第25卷［M］. 中共中央马克思恩格斯列宁斯大林著作编译局，译. 北京：人民出版社，1974：426.

③ 马克思，恩格斯. 马克思恩格斯全集：第25卷［M］. 中共中央马克思恩格斯列宁斯大林著作编译局，译. 北京：人民出版社，1974：389.

④ 马克思. 资本论：第1卷［M］. 中共中央马克思恩格斯列宁斯大林著作编译局，译. 北京：人民出版社，1975：155.

动，即货币或商品的只是有条件的让渡的这种独特形式的运动。"① 这个运动便形成了信用。

"信用在它的最简单的表现上，是一种适当或不适当的信任，它使一个人把一定的资本额，以货币形式或估计为一定货币价值的商品形式，委托给另一个人，这个资本额到期后一定要偿还。如果资本是用货币贷放的，也就是用银行券或用现金信用，或用一种对顾客开出的支取凭证贷放的，那么就会在还款额上加上百分之几，作为使用资本的报酬。如果资本是用商品贷放的，而商品的货币价值已经在当事人之间确定，商品的转移形成出售，那么，要偿付的总额就会包含一个赔偿金额，作为对资本的使用和对偿还以前所冒的危险的报酬"②。

信用使银行资本"作为货币经营者的特殊职能发展起来"，"银行一方面代表货币资本家的集中，贷出者的集中，另一方面代表借入者的集中"③，"货币的借入和贷出成了他们的特殊业务"④。"银行制度，就其形式的组织和集中来说……是资本主义生产方式的最精巧和最发达的产物"⑤。一方面，"银行制度造成了社会范围内的公共簿记"，另一方面银行又造成了"生产资料的公共的分配的形式"。"信用制度是作为高利贷资本的反作用而发展起来的"⑥。"因此现代信用制度创始人的出发点，并不是把一般生息资本革出教门，而是相反，对它予以公开承认"⑦。"一种崭新的力量——信用事业，随同资本主义的生产而形成起来。起初，它作为积累的小小助手不声不响地挤了进来，通过一根根无形的线把那些分散在社会表面上的大大小小的货币资金吸引到单个的或联合的资本家手中；但是很快它就成了竞争斗争中的一个新的可怕的武器；

---

① 马克思. 资本论：第3卷 [M]. 中共中央马克思恩格斯列宁斯大林著作编译局，译. 北京：人民出版社，1975：390.

② 马克思. 资本论：第3卷 [M]. 中共中央马克思恩格斯列宁斯大林著作编译局，译. 北京：人民出版社，1975：452.

③ 马克思，恩格斯. 马克思恩格斯选集：第2卷 [M]. 中共中央马克思恩格斯列宁斯大林著作编译局，译. 北京：人民出版社，1995：513-514.

④ 马克思，恩格斯. 马克思恩格斯全集：第23卷 [M]. 中共中央马克思恩格斯列宁斯大林著作编译局，译. 北京：人民出版社，1972：453.

⑤ 马克思. 资本论：第3卷 [M]. 中共中央马克思恩格斯列宁斯大林著作编译局，译. 北京：人民出版社，1975：685.

⑥ 马克思. 资本论：第3卷 [M]. 中共中央马克思恩格斯列宁斯大林著作编译局，译. 北京：人民出版社，1975：686.

⑦ 马克思. 资本论：第3卷 [M]. 中共中央马克思恩格斯列宁斯大林著作编译局，译. 北京：人民出版社，1975：494.

最后，已变成一个实现资本集中的庞大的社会机构"①。同时，马克思强调，"货币——贵金属形式的货币——仍然是基础，信用制度按其本性来说是永远不能脱离这个基础"②。

信用与信用制度是现代市场经济的基础，也是中国特色社会主义市场经济的基石③。马克思说："信用制度是资本主义的私人企业逐渐转化为资本主义的股份公司的主要基础"④，使得"生产规模惊人地扩大了，个别资本不可能建立的企业出现了"⑤。这种方式可以在现阶段我国乡村振兴战略实施过程中，应用于农村集体经济中，实现集体所有制基础上农户入股的方式成立股份制合作社等新型合作组织，实现规模化生产，促进产业兴旺，进而提高农民收入。同时，马克思的信用与信用制度理论能够作为本文研究如何健全农村信用体系的理论基础，优化乡村的金融生态环境，能够为乡村振兴的推进保驾护航。

2.2.3 农村金融理论的发展

农村金融理论的发展经历了一个逐步演进的过程，这一过程同时也是农村金融对农村经济发展影响机制与政策实践的变迁过程，也是农村的变迁过程。这一演进过程经历了三个阶段，同时产生了农业信贷补贴理论、农村金融市场理论、不完全竞争市场理论这三个具有代表性的理论。其中，农业信贷补贴理论是以金融抑制理论为参考依据，在研究发展中国家农村金融发展状况中得出的⑥。农村金融市场理论和不完全竞争市场理论分别建立在金融深化理论和金融约束理论的基础之上。

2.2.3.1 金融抑制与农业信贷补贴理论

（1）金融抑制理论。

麦金农（1973）提出的金融抑制是指政府过多地干预导致金融价格发生扭曲，如利率和汇率的不正常波动等阻碍了金融体系的发展，从而导致经济发

---

① 马克思. 资本论：第1卷 [M]. 中共中央马克思恩格斯列宁斯大林著作编译局，译. 北京：人民出版社，1975：687.

② 马克思. 资本论：第3卷 [M]. 中共中央马克思恩格斯列宁斯大林著作编译局，译. 北京：人民出版社，1975：687.

③ 冯登艳. 中国股票市场信用问题研究 [D]. 成都：西南财经大学，2005.

④ 马克思，恩格斯. 马克思恩格斯全集：第23卷 [M]. 中共中央马克思恩格斯列宁斯大林著作编译局，译. 北京：人民出版社，1972：498.

⑤ 马克思，恩格斯. 马克思恩格斯全集：第23卷 [M]. 中共中央马克思恩格斯列宁斯大林著作编译局，译. 北京：人民出版社，1972：493.

⑥ 徐文奇. 中国农村金融发展：影响机理与模式创新 [D]. 天津：天津财经大学，2018.

展缓慢，形成了金融抑制和经济落后的恶性循环。其表现形式主要有：第一，由于银行不能根据风险大小决定利率，低的实际贷款利率只能使银行选择低收益和低风险这种安全的项目，而高风险和高收益的项目不是得不到贷款就是借助于信贷配给；第二，在某些发展中国家，商业银行将大量存款作为准备金存入中央银行，甚至贷款组合都不能自由选择，由监管机构指定；第三，商业银行的外源融资受到政府的干预，其本身不能自由选择外源融资；第四，政府还通过特别的信贷机构进行金融抑制，在金融抑制下，给发展中国家带来资本市场效率低下、经济发展缓慢等消极影响①。根据阮梦雅、邵国华、吴有云和裴丹的相关文献，我国农村金融抑制主要是因为农村金融机构较少，农村金融机构资金供给不足且生产性投资机会不多和民间金融发展缓慢等。

（2）农业信贷补贴理论。

农业信贷补贴理论产生于 1980 年以前，该理论有两个前提假设：一是追求利润的商业性金融机构未把农村作为资金的投入对象，毕竟农民收入低，农业存在高自然风险、高市场风险、低收益性和投资周期性长等特点；二是农户低储蓄或者没有储蓄能力，容易导致农村经济因缺乏资金的推动而发展缓慢。因此，该理论建议：借助外力的推动，尤其是要政府注入专门政策性资金，并且建立不追求利润的专门农村金融机构来公平公开分配政策性资金，以便缓解农民贫穷、提高农业生产经营活动的效率②。此外，农村高利贷容易导致农业生产经营活动的逐渐衰败和农民的日益贫穷，政府应该将大量低息的政策性资金注入农村，促使农村高利贷消亡。

该理论在实施过程中存在一些问题：一是农户对政府提供的低息政策性资金形成了一定依赖，低利率又不能吸引农户到商业性银行存款，导致商业性银行在农村经营缺乏动力，也导致农户储蓄能力没有在政策红利面前得到应有提高，农业信贷补贴收效甚微，陷入死循环。二是低息的政府资金没有真正用到需要资金的农户身上。因此，低息的政策性资金在实施过程违背了当初信贷的初衷，没有起到真正扶持农户的应有作用。三是农户拖欠政府低息贷款资金高。由于农户自身信用缺失，也存在农村信贷机构不具备信贷经营性责任和农户故意拖欠贷款，金融机构的低效率、不具备可持续性的缺陷就显现出来了（Hayami et al., 1971）。③

---

① 徐文奇. 中国农村金融发展：影响机理与模式创新 [D]. 天津：天津财经大学，2018.

② 姚耀军. 中国农村金融发展状况分析 [J]. 农业经济导刊，2006（7）：127-134.

③ HAYAMI Y, RUTTAN V W. Agricultural development: an international perspective [M]. London: The Johns Hopkins Press, 1971.

2.2.3.2 金融深化与农村金融市场理论

（1）金融深化理论。

20 世纪 70 年代，Shaw E. S.（1973）的专著《经济发展中的金融深化》[①]，Mckinnon R. I.（1973）的专著《经济发展中的货币与资本》发表[②]。他们认为，在发展中国家，普遍存在着严重的金融抑制现象，因为这些发展中国家实施利率管制，使得金融体系不能吸收更多资金。应该放松利率管制，让市场决定利率水平，让利率真实反映资金供求。他们的理论"麦金农-肖模型"被学术界视为金融发展理论形成的标志。后来，这个模型被许多学者进行了拓展和完善。学者们先是在模型中加入了准备金要求和利率限制的因素，形成了宏观经济模型，这是"麦金农-肖模型"的第一次拓展。后来，学者们又建立了新的模型，主要是进一步研究金融深化，强调金融中介在经济增长中的重要作用，进一步研究金融深化理论，形成了"麦金农-肖模型"的第二次拓展。在《经济发展中的金融深化》中，Shaw（1973）提出了"金融深化"的概念。"金融深化"有四个特征：第一，从金融资产的存量来看，种类增加、期限增加，经济总量的相对规模也增加；第二，从金融资产的流量来看，主要依靠国内储蓄，而不是国外和财政；第三，从金融体系发展来看，结构更合理，专业化程度更高，机构规模增大，机构数量增加；第四，从金融市场价格来看，利率可以更准确地反映资金价格，反映投资机会而不是消费。

（2）农村金融市场理论。

20 世纪 80 年代之后，学者们主张农村金融市场要发挥市场机制的作用，减少政府干预。该理论以 Mckinnon 和 Shaw 提出的金融深化理论为基础，认为农村居民并非不具备储蓄能力，而是金融体制机制安排存在缺陷。由于政府管制、利率控制等不合理的金融安排的存在，政策干预造成了非均衡的利率扭曲，形成"金融抑制"。他们认为，只有"金融深化"才能消除"金融抑制"，政府要减少对金融的干预，通过利率市场化，可以调动农村居民的储蓄，盘活农村存量资金，形成巨额的信贷供给（Otero et al.，1994），由市场来形成农村资金供求平衡。同时，可以引入非正规金融，与正规金融一起，促进农村金融市场的发展和农村经济增长。但是，这一理想化的理论在实践层面也存在一定的问题，比如过高的均衡利率虽然吸引了储蓄，但是也抬高了农村经济运行的

---

① SHAW E S. Financial deepening in economic development［M］. Cambridge：Havard University Press，1973.

② MCKINNON R I. Money and capital in economic development［M］. Washington：Brookings Institution Press，1973.

信贷成本，同时容易出现资金外流现象，并不一定能促进农村经济发展。

2.2.3.3　金融约束与不完全竞争市场理论

（1）金融约束理论。

赫尔曼（1996）提出了金融约束理论，认为市场失灵本质上是信息的不对称问题，导致了金融市场交易制度难以有效运行，因此必须由政府供给有正式约束力的权威制度来保证市场机制的充分发挥。也就是说，政府可以通过指定一系列金融政策，对存贷款利率、市场准入及资本市场竞争加以限制，从而为金融及生产部门创造"租金机会"。该理论想要在发展中国家取得预期的效果，必须是在通货膨胀率低、实际利率为正和良好稳定的宏观经济环境条件下才会起作用。金融约束理论与金融抑制论的根本区别在于，金融约束理论的目的是通过创造租金以提供适当的激励机制。正因为金融约束处于金融抑制和金融深化的中间状态，因此对我国来讲，金融约束可以促进金融深化的进度，是对金融深化理论的丰富和发展，并通过收入效应、储蓄效应、投资效应和就业效应四种渠道促进农村经济的发展，从而促进乡村振兴建设。

（2）不完全竞争市场理论。

20世纪90年代，以经济学家斯蒂格利茨为代表的不完全竞争市场理论开始出现。该理论的主要观点是：对于发展中国家，农村金融市场没有达到一种完全竞争的状态。由于在借贷双方中存在信息不对称的问题，放贷人无法了解借款人基本状况和还款能力等贷款信息，如果靠市场调节机制来调节农村金融市场的发展，会出现市场失灵的状态。于是为了避免市场的失灵，有必要靠外部力量介入，比如政府适当介入农村金融市场或者健全信用体制等非市场因素。当然政府对农村金融的干预也要把握一个度，并且用法律条例来加以规范和约束。

在实践中，不完全竞争理论对农村金融市场发展提出诸多建议：一是金融市场发展，尤其是农村金融市场的发展，需要国家经济平稳发展和政策的稳定性；二是政府提倡农民成立以联保连带为合作形式的农民组织，解决借贷双方信息不对称的问题，推动农村金融贷款的高效率发展；三是政府实施的扶持农村的政策性金融要充分考虑银行利润空间，不可以压缩银行的基本利润，避免过度的农业信贷补贴。

总之，不完全竞争市场理论强调发挥市场这只"看不见的手"的调节作用，同时，重视政府的宏观调控作用，对我国农村金融支持乡村振兴建设具有指导性作用。

2.3 乡村振兴战略的背景、目标和任务

2.3.1 党的十九大提出乡村振兴战略

为全面贯彻和响应党和国家对乡村振兴战略的号召,中国人民银行、银保监会、证监会、财政部、农业农村部联合发布了《关于金融服务乡村振兴的指导意见》,以期全面推进乡村振兴战略,其中明确指出要提高金融服务水平,充分发挥政策性金融、开发性金融、商业性金融、合作性金融的联动服务作用。因此,如何提高乡村振兴中的财税金融服务水平,如何创新财税金融服务,把更多的社会资金配置到农村经济社会发展的重点和薄弱环节,是当前迫切需要研究和解决的重大课题。

随着社会经济的不断发展,我国社会主要矛盾也在逐渐发生变化,党的十九大报告提出我国社会的主要矛盾已转化为"人民日益增长的美好生活需要和不平衡不充分的发展之间的矛盾",这个矛盾本质上属于供求结构性矛盾。就目前而言,我国的城乡发展最不平衡,农村的经济、教育、医疗等方面与城市还有很大差距。农村发展最不充分,与城市经济发展相比,农村一直以农业发展为支柱,造成了农村产业结构单一、就业空间不足的现象,以至于农村青壮年劳动力大量流失,农村产业和就业"空心化"严重。国家统计数据显示,2020年,我国城镇居民人均可支配收入为 43 834 元,农村居民人均可支配收入为 17 131 元,前者是后者的 2.56 倍。邓小平指出:"贫穷不是社会主义,社会主义要消灭贫穷,共同富裕是社会主义的本质特征。"① 显然,乡村发展是我国实现全面现代化的短板,中国实现现代化的关键在于"三农"问题的解决。因此,要解决"三农"发展进程中出现的问题,统筹城乡协调发展尤为重要。而实施乡村振兴战略,能够缩短城乡之间在经济、社会、文化等各方面的差距,有利于改善城乡发展不平衡不充分的现状,进一步推动我国建成社会主义现代化强国的宏伟目标的实现。

2.3.2 乡村振兴战略的内涵分析

(1)既有文献对乡村振兴的界定。乡村振兴是相对于"乡村衰落"而言的。事实上,世界各国在城市化进程中大都出现过城乡发展失衡的现象。因

---

① 邓小平. 邓小平文选:第三卷 [M]. 北京:人民出版社,2004:85.

此，实施乡村振兴是世界各国由传统社会转型为现代社会的必经阶段（李舟，2022）①。对于中国来说，乡村振兴是党的十九大提出的一项新的国家战略，对此，学术界对乡村振兴的理解则更多偏向于理论方面，傅国华等（2017）认为，应根据分层次管理理论，有序实施乡村振兴战略，基于各地实际情况，因地制宜，科学有效地制定乡村振兴政策②。徐祥临（2017）认为，要想实现乡村振兴，就必须大力培养"三农"工作队伍，处理好人、地、钱三者的关系③。赵阳（2017）认为，金融支持是乡村振兴的关键，必须发挥农村普惠金融作用，提升金融机构对"三农"服务的积极性④。相较于中国，很多发达国家早已实现了乡村振兴，对乡村振兴的理解有了实践的支撑。Brauer 和 Dymitrow（2014）认为，实施乡村振兴不能过分强调生产，应该在提高农业生产率的同时，注重保护生态与人居环境。Stefan 等（2015）则认为，乡村能否振兴取决于金融业的发展程度。Vasily 等（2014）认为，农村发展的关键是能够创造良好的就业环境，比如依靠旅游等产业发展，实现农民就业和收入的多样化。

（2）中央政策文件的界定：党的十九大报告和 2018 年中央一号文件。习近平总书记在党的十九大报告中首次提出实施乡村振兴战略，即"要坚持农业农村优先发展，按照产业兴旺、生态宜居、乡风文明、治理有效、生活富裕的总要求，建立健全城乡融合发展体制机制和政策体系，加快推进农业农村现代化"。自此，乡村振兴第一次上升到国家战略的高度。乡村振兴战略是党中央结合现实国情，在充分考虑我国城乡关系发展趋势后作出的重大战略部署，具有鲜明的时代特征。

随后，2018 年中央一号文件围绕实施乡村振兴战略，从提升农业发展质量、推进乡村绿色发展、繁荣兴盛农村文化、构建乡村治理新体系、提高农村民生保障水平、强化乡村振兴制度性供给、强化乡村振兴人才支撑、强化乡村振兴投入保障、坚持和完善党对"三农"工作的领导等方面进行安排部署，并确定了实施乡村振兴战略的目标任务：到 2020 年，乡村振兴取得重要进展，

---

① 李舟. 共同富裕目标下乡村振兴的科学内涵、内在关系与战略要点 [J]. 西北大学学报（哲学社会科学版），2022，52（3）：44-53.

② 傅国华，李春. 分层精准施策 保障乡村振兴战略实施 [J]. 农业经济与管理，2017（6）：14-17.

③ 徐祥临. 小农户靠"三位一体"成为乡村振兴主体 [J]. 中国合作经济，2017（12）：27-28.

④ 赵阳. 完善创新休制机制，统筹推进农村各项改革 [J]. 中国发展观察，2017（4）：8-10.

制度框架和政策体系基本形成；到 2035 年，乡村振兴取得决定性进展，农业农村现代化基本实现；到 2050 年，乡村全面振兴，农业强、农村美、农民富全面实现。

综上，尽管其他国家已经经历了乡村振兴，对于乡村振兴有着非常深入的理解，并形成了一套行之有效的建设体系，但乡村振兴战略是一个集全面性、系统性以及实际性于一体的多层次战略，内容繁复多样，同时中国的国情、地貌、制度等方面与其他国家有较大区别，简单地照搬照抄是不可行的。因此，为确保顺利实施我国的乡村振兴战略，我们必须在结合中国实际的基础上，借鉴国外先进经验，探索出符合中国国情的乡村振兴理论研究框架和政策支持体系。

2.3.3　乡村振兴战略的总体目标和主要任务

2.3.3.1　乡村振兴战略的总体目标

一是产业兴旺。通过"一村一品"模式调整乡村产业结构后，特色主导产业得以充分培育，产业分工分业发展，产业竞争力增强。同时产业对外开放程度不断扩大，产业对外交流合作也不断深化，区外市场持续拓展，农业产业链条延长，在市场上形成品牌效应，特色产业的持续发展能力增强。

二是生态宜居。通过推进城乡基础设施共建共享互联互通，促进城乡资源要素合理流动，乡村的公路、物流、水利、能源、网络建设等基础设施进一步完善，人流、物流、货币流、信息流逐渐顺畅。同时农业农村生态环境保护制度体系基本形成，生态环境得到极大改善，农村面源污染与山水林田湖草的治理继续扎实推进，村容村貌整体提升，农村居住条件舒适度明显提升。

三是乡风文明。通过对村民社会主义核心价值观的培育，开展社会公德、家庭美德和个人品德教育，文明乡风得到有效提升。社会主义核心价值观普及广大群众，诚实守信、尊老爱幼、无私奉献、邻里互助等乡村良好习俗得以传承和弘扬，逐步形成文明健康的社会风气和井然有序的社会秩序。

四是治理有效。通过推进乡村体制机制创新，农村基层党组织、干部队伍建设显著加强，村党组织战斗力凝聚力显著增强，基层群众性自治组织、农村集体经济组织功能作用充分发挥，乡村治理机制不断完善、治理能力明显提高。

五是生活富裕。通过改革和建设有关"三农"发展的制度，农村集体经济发展壮大，农民持续稳定增收机制基本形成，农民就业稳定，能够实现多元化增收且收入增长后劲充足，农村大量闲置资源得以财产化，城乡差距不断缩小，农民的生活水平和物质保障能力显著提高。

2.3.3.2 乡村振兴战略的主要任务。

一是培育乡村特色产业，引领乡村振兴发展。大力发展现代农业经营体系，为小农户开拓市场；全力发展特色效益农业，推进产业兴村强县；探索乡村综合发展模式，深化农村一二三产业融合发展，特别是在建设"互联网+农业"方面，全方位推进新型农业经营主体与互联网产业深度融合。总之，乡村振兴的核心在于特色支柱产业的培育和发展。

二是构建美丽宜居乡村，改善农村人居环境。对村庄建设进行更加科学的规划，因地制宜加快建设农民集中居住区，解决村庄建设杂乱无章的问题，引导村庄秩序井然地进行建设，土地资源合理集约利用。深入推进乡村基础设施建设、公共服务提供和社会秩序维护，全方位促进农村生态空间、农业生产空间和生活空间相融合，努力打造生态宜居的美丽乡村。

三是建设乡风文明文化，焕发乡村文明新气象。传承、发展、提升农耕文明，并将社会主义核心价值观、优秀传统文化、现代科学知识、文明风尚、法律法规等以农民容易接受的方式普及到广大农民群众，发展繁荣乡村文化，提高乡村社会的文明程度。

四是实施乡村绿色发展行动，以良好生态支持乡村振兴。坚持人与自然和谐共生，大力改善农村生态环境。通过加快农村厕所改造，完成集中式生活污水处理设施建设，建立健全农村生活垃圾收运处理系统，扎实推进农村面源污染与山林田湖草的治理，从而全面系统地推进乡村绿色发展。

五是创新乡村治理体系，打造和谐有序的农村社会。通过创新乡村治理体系，大力推进党建强村，完善村民自治机制，建设法制、平安乡村，形成"三治合一"的乡村治理体系，以应对农业农村治理危机，实现农村社会的善治，构建和谐有序的农村社会。

2.4 金融支持在乡村振兴战略实施中的地位、作用和着力点

2.4.1 乡村振兴中金融支持的核心地位

2.4.1.1 金融资源配置是乡村振兴中要素集聚的基础

第一，实现乡村振兴首先需要解决的是筹资难问题。国务院发展研究中心主任李伟直截了当地指出，实现乡村振兴，关键是抓住人、地、钱三个字。显然，

单独依靠财政补助，不仅会增加政府负担，扩大财政赤字，也难以弥补农村的资金缺口。因此需要金融支持，发展和完善乡村金融市场，建立起行之有效的信用评级制度，引导金融机构在管理有效、风险可控、财务可持续的基础上将更多的金融资源配置到农业农村领域，为乡村的发展提供充足的金融资金。

第二，乡村资源的有效配置需要金融的支持。金融服务与乡村振兴政策协调联动，引进政策性金融、开发性金融、商业性金融、合作性金融等创新性金融服务，引导金融机构将金融资源精准配置到农业农村经济发展重点领域和薄弱环节。推动乡村实现产业融合，建立起现代化农村经济体系。

2.4.1.2　金融体系是乡村振兴中风险管理的保障

农村地区地域广阔，经济水平、产业结构、文化习俗、生态基础等区域差异显著，高温、暴雨等极端天气和自然灾害频繁发生，与发达的城市经济相比，乡村振兴过程中不仅面临着市场风险，而且将面临较大的自然风险和生态风险。这些风险相互交织，不仅不利于调动农村生产者的积极性，同时也降低了各类投资者投资农业的热情，使得社会各类人才、资本难以自发地流向农业农村。而行之有效的担保保险金融服务体系，特别是各类保险机构，可以很好地分散农民以及各类经营主体面临的风险，大幅降低其可能面临的损失。同时也可以建立类似于农民互助的专项基金，通过将农户的风险资金集聚起来，帮助有困难的农户渡过难关，有效地缓解乡村生产中所面临的风险。而适合乡村地区大宗商品的期货市场也有利于稳定农产品物价，降低其市场价格风险等。因此，一个健康运行的金融体系对于维护乡村经济稳定至关重要，金融体系是乡村振兴风险管理的重要保障。

2.4.2　乡村振兴中金融支持的重要作用

2.4.2.1　便利乡村振兴的融资

金融机构在农村的合理分布，可以为金融资金流入乡村提供便捷的渠道，便利乡村地区的融资。同时随着农村金融服务体系的构建，与之配套的是农村经济主体金融知识的普及、金融市场化的建立以及农村金融生态环境的改善，不仅可以为以传统劳动密集型耕作方式的乡村提供更多的金融资源，从而换来更多的生产要素投入乡村，也会扩大农业经营主体对生产要素的有效需求，冲击西部地区传统的小农经济思想（王燕 等，2018）[①]，加深市场经济观念，提

---

① 王燕，高玉强. 家庭金融服务获得性、金融市场参与和风险资产投资：基于中国家庭金融调查数据的实证研究 [J]. 南方金融，2018（12）：21-31.

高现代农业经营主体的市场驾驭和经营能力。总之，完善的农村金融服务体系，一方面可以扩宽金融资金流入乡村的渠道，另一方面可以增强乡村地区对金融资金的有效需求，极大地便利乡村振兴的融资。2018 年中央一号文件已经为推进农村宅基地制度改革"开了题"，明确"完善农民闲置宅基地和闲置农房政策，探索宅基地所有权、资格权、使用权三权分置，适度放活宅基地和农民房屋使用权"。这些对于农村宅基地以及土地产权制度的改革措施，将进一步缓解农户标准抵押物缺乏的问题，使得农户融资更加便利化。

2.4.2.2　分担乡村振兴的风险。

乡村坡耕地多、机械化程度不高、土壤肥力不足、极端气候频发、雨量分布不均等特点，导致农业"高风险，低收益"更加明显，严重打击了农业投资者的积极性。因此应当充分发挥好政策性银行保险机构的作用，积极深入农村，分担城乡融合发展、一二三产业融合、建立现代化农业体系等过程中所面临的自然风险和市场风险，为乡村振兴提供风险分散保障。例如，《重庆市实施乡村振兴战略行动计划》提出，2018—2020 年新增担保融资共计 105 亿元，实现政策性农业保险保额 390 亿元，其中市级政策性农业担保机构担保贷款额不得低于当年担保贷款发生额的 60%。前期政策性银行和保险机构的积极介入，必然会提升乡村地区的金融引导力，优化乡村地区商业金融进入环境，分担乡村的风险，吸引商业性银行和保险金融机构服务乡村，为乡村的持续性发展提供更多的资金支持和风险管理通道。同时，乡村各地区可以依据本地区的特点建立互助基金，将单个农户或单个经营主体的风险在互助基金内部进行分散。总之，利用担保、保险、期货等金融服务机制，可以有效分散乡村振兴中的农业生产、农产品交易、农业融资等环节的各种风险，促进乡村持续健康发展。

2.4.3　金融支持乡村振兴可能的着力点分析

2.4.3.1　乡村产业发展领域

（1）基础农业发展。基础农业是指小麦、水稻、玉米等粮食作物种植，以解决人们基本口粮为目标的农业，在市场机制作用下基本上只能实现盈亏平衡，其大多数可持续盈利需要提供长期性的财政补贴。一方面由于基础农业自身对于环境气候过多的依赖性，导致在生产过程存在很高的风险性，另一方面由于乡村多山少平原的地域特点，导致很难进行大规模的机械化生产，实现农业规模化经营。基础农业的这种高风险低收益的特征很难吸引以追逐高收益为目标的商业金融的介入，资金的匮乏成为当下制约基础农业走向现代化的一大障碍。然而，在乡村少数平坝地区，促进基础农业的大发展是实现"农民富、农业强、农村美"的必由之路，也是实现乡村振兴的重点环节。因此基于基础农业的极端重要性，以及基础农业的外溢特性，需要加大政策性金融的介入力度，为其基础设施建设和生产提供资金保障。

（2）特色效益农业发展。特色效益农业是指生产具有自然垄断性、高收益性的农业，包括果品、食用菌、稀有蔬菜、中药材等，以其稀有性、高营养性、高价格、收入弹性高著称，是农民增加收入的重要途径。资源禀赋特征决定了特色效益农业是需要重点发展的农业。一方面，针对相对成熟的品牌特色产业，比如重庆市涪陵区榨菜产业、江津富硒产业、石柱莼菜产业、永川竹笋产业、奉节脐橙产业等，金融支持不应仅局限于资金服务，而且应加入金融智力、风险保障等全方位支持以帮助其做优做强。另一方面，由于先进技术是发展现代农业的加速器，金融支持理应重点针对区域差异化的特殊资源禀赋开发适应性农业生产技术，对农业技术推广和应用给予大力的资金支持，帮助自然资源劣势转变为农业发展的新优势。而产业发展的关键在于专业大户、家庭农场、农民专业合作社、农业产业化龙头企业等新型农业经营主体的培育。那么，金融支持必然需要聚焦这些新型农业经营主体发展的金融需求，帮助其拓展和延伸农业产业链，进而推动传统农业的提档升级，提高农业生产效率，打造现代化特色效益农业。

（3）跨界经营农业发展。在农村地区大力发展一二三产业融合是乡村振兴的题中之意，更是推动农业现代化、规模化进程和农民增收的重要途径（姜长云，2018）[1]。促进乡村一二三产业深度融合需要金融的支持，需要涉农金融机构不断优化乡村产业融合发展的支持机制，不断创新促进产业融合的供应链金融产品，改变原有的仅仅支持粮食种植过程的信贷政策，将信贷支持链条延伸至粮食的种植、加工、销售等全过程，使得生产链各个环节相互呼应，信贷产品互为补充，为一二三产业的融合提供全面的资金与风险管理保障。乡村山地景观和风光极具特色，可以依托县城人口大市场，促使乡村旅游产业蓬勃发展。除了成熟的乡村旅游基地外，城市周边休闲旅游产业，诸如农家乐、花卉基地、蔬果基地、农业综合体验园、现代国家农业园区等，越来越成为乡村振兴打造的主力方向，尤其是现代化乡村民宿、亲子乐园等在乡村振兴中潜力巨大，迫切需要商业金融、合作金融的大力支持以助力其加速发展。

2.4.3.2 乡村基础设施建设投资领域

（1）农业基础设施领域。关于乡村生产性基础设施建设投资，由于不同

---

① 姜长云. 乡村振兴战略：理论、政策和规划研究 ［J］. 宏观经济研究，2018（7）：1-3.

投资种类性质迥异，金融支持的侧重点亦有所差异。一是针对农业机械设备购置、农业设施用房、小型农田水利灌溉系统、田间道路管网系统等私益性现代农业基础设施投资建设，应该通过商业性金融市场化的资金支持，以扩大私益性生产性基础设施建设投资规模；二是针对标准农田建设、农业园区公共设施、区域性农业水利道路系统等公益性基础设施建设，客观需要低成本政策性金融的支持；三是针对田间便道、池塘设施、厂房设备、先进机械装备等准公益性基础设施建设投资，离不开政策性金融诱导，外加商业性金融积极参与的联动方式。所以，在乡村振兴中，不论是私营性，还是公益性农业基础建设投资领域，都迫切需要金融手段的支持。

（2）农村基础设施领域。包括交通、能源、水利、通信等具有民生性质的生产生活类农村基础设施建设严重滞后于城市地区，形成较为突出的"最后一公里"现象，导致城乡基础设施无法互联互通，是乡村振兴亟须攻克的重点领域。究其原因在于基础建设投资过度依赖政府财政的一次性投入，造成地方财政压力过大而制约其投资建设步伐。因此，可持续和可循环的金融资本能够加快乡村基础建设投资进程。具体来看，关于交通、能源、水利、通信、环保等乡村生活基础设施建设项目等投资，需要政策性金融先行，待经济效应形成后，适度放开商业性金融参与力度，通过PPP（公共私营合作制）融资模式发挥市场与政府两个主体的作用，满足农村居民的实际生活需求，缩小城乡居住环境差异。

2.4.3.3 美丽乡村建设领域

美丽乡村建设的重点领域在于乡村城镇化、社区化的集中居住区建设及其生态生活环境整治。乡村集中居住区建设是一件十分耗费资金和时间的庞大工程，因此应当根据各地区自身的特点，选择性地实施集中居住区建设，因地制宜地推动农村社区化、城镇化。对于由于地域特点、文化习俗、土地分布散乱等原因无法进行集中居住区建设的地区，应着重排查当地住房的质量，对于危房以及违规乱建的房屋进行集中改造。例如，《重庆实施乡村振兴战略计划》指出，到2020年，完成农村危房改造15万户，旧房整治提升45万户，培训农村建筑工匠1万名。这些项目的落实不仅需要资金的支持，也需要专业化的人才，政府可以通过财政补贴以及税收激励等政策来吸引商业金融的介入，为集中居住区建设提供持续性资金支持，而且商业金融的介入也会加快相关建筑人才流向乡村。同时，实现美丽乡村建设还需要改善农民的居住环境，因此政府应当对与改善农村居民生活息息相关的农村垃圾处理、污水处理、厕所改造等企业，主动给予财政资金、技术、信息等服务和支持，从而促进村庄人居环境建设。这些政策上的鼓励带来的是相关企业未来良好收益的前景，商业金融由于其市场导向的特性，在企业收益较稳定的情况下会主动支持这些企业，为建设美丽乡村提供助力。

2.5　农村金融支持乡村振兴的作用机制

农村金融作为我国金融的重要组成部分，是促进我国乡村振兴发展的重要政策工具和主要力量，农村金融作用于乡村振兴主要分为直接作用机制和间接作用机制。从直接作用机制来看，农村金融机构为农户提供储蓄、贷款、保险、期货、证券结算、汇兑和金融信息咨询等一系列业务来左右农户的收入水平和接受教育的水平以及技能水平，进而推动乡村振兴建设。从间接作用机制来看，农村金融的发展通过经济增长效应和收入分配效应来影响农户的收入水平和社会福利水平，进而促进乡村振兴的发展。

2.5.1　金融服务乡村振兴建设的直接作用机制

农村金融服务主要包括储蓄、信贷、保险和结算等，农村金融机构主要通过增加农村金融服务的范围来推动乡村振兴的发展，从而促进农村社会经济的发展和提高农户的生活水平。本书主要分析储蓄服务、信贷服务和保险服务等金融服务来阐释金融发展对乡村振兴建设的直接作用机制。

第一，储蓄服务。农村金融机构为农户提供储蓄业务，农户获得相应的利息从而增加了农户的收入，进而促进乡村振兴的发展。首先，农村金融机构为农户提供的储蓄业务使农户获得一定利息的同时也使农户的闲散资金得到保护，闲散资金的机会成本也降低了；其次，农村金融机构为农户提供的储蓄业务也为农户分散了风险，提高了农户应对风险的能力，农户由于其职业的特殊性导致其收入不稳定，储蓄业务可以使农户在面对突如其来的冲击时不至于无法维持生计，所以，储蓄服务是农村金融服务乡村振兴建设的一条重要途径。

第二，信贷服务。信贷服务不仅满足了农户的资金需求，使农户可以扩大自己的生产，购买更多的设备、原材料和厂房等生产性资料，提高农户的预期收入，而且可以为农户争取更多提升其技能的机会，提高农户的生产能力和发展能力，增加农户的长期收入，进而促进乡村振兴建设。除此之外，信贷服务也对农户抵御风险有所帮助。

第三，保险服务。虽然保险服务和储蓄服务、信贷服务对农户的作用有相似之处，但其侧重点不一致。保险服务有利有弊，它可以为农户带来收益，也有可能为农户带来损失。保险服务可以使农户遭遇突发事件时获得补偿，提高其寻求外界支持的能力，减少了农户因突发事件而导致的损失，在一定程度上保证了农户的收入稳定。

2.5.2　金融服务乡村振兴建设的间接作用机制

本节主要通过收入分配和经济增长两个方面来阐释金融发展对乡村振兴建设的间接作用机制。

2.5.2.1　经济增长的作用机制

金融的发展对乡村振兴发展的作用机制主要分为两部分，首先，金融在农村地区的发展促进了农村经济的发展；其次，农村经济的发展促进了乡村振兴建设。

第一，关于金融在农村地区的发展对农村地区经济发展的影响机制，可以通过罗默（1986）的内生增长理论（AK模型）来进行系统的分析。其形式可以表示为：

$$Y = AK \qquad\qquad 式（2-1）$$

式中，Y表示总产出水平，A表示常数，K表示一定时期的资本存量。假设社会收入中的一部分用于消费，另一部分用于储蓄，而储蓄可以向投资完全转化，则：

$$SY = I \qquad\qquad 式（2-2）$$

式中，SY表示储蓄，I表示投资。全部的投资用于弥补资本折旧，另一部分用于添置新设备，则：

$$\Delta K = SY - \Phi K \qquad\qquad 式（2-3）$$

式中，ΔK表示资本折旧，ΦK表示新设备投资。将$SY = I$和$\Delta K = SY - \Phi K$结合起来，则AK模型表达式为：

$$g = \frac{\Delta Y}{Y} = \frac{\Delta K}{K} = SA - \Phi \qquad\qquad 式（2-4）$$

式中，g表示产出增长率，A表示农村资本边际生产率，s表示农村储蓄率。由于K不仅仅表示新设备，还包括新知识和新技术等无形资产，因此生产方程中不存在要素边际效益递减。从中可以发现农村金融发展主要通过储蓄效应和投资效应影响上述各参数的数值从而影响乡村振兴的发展。从储蓄效应来看，随着农村金融体系的不断完善，金融机构为农户提供的金融服务越来越多，覆盖范围越来越广，吸引更多的农户储蓄，使金融机构获得更多的资金用于投资，促进农村经济的发展，进而促进乡村振兴建设；从投资效应来看，农村金融体系的完善在为金融机构提供了大量的信贷资金的同时也在一定程度上解决了农村金融市场的信息不对称问题，降低了储蓄转化为投资的信息成本，降低了金融机构面临的资金损失风险，减少了农村资金的外流，促进了农村经济的发展，最终推动乡村振兴建设。

第二，农村地区经济的发展为乡村振兴建设提供了物质基础。一方面，农村经济的发展提高了农村地区整体的物质水平，并通过"涓滴效应"促进了农户的收入水平和福利水平。比如农村地区经济的增长促进基础设施的完善，基础设施的建设过程，短期内为农户提供就业机会，增加农户的财富，长期内将改善农村地区的交通条件和教育资源等，为农村地区带来更多的人才、技术和知识，缩小与城乡的差距。另一方面，农村经济的增长增加了政府的财政收入，政府一方面将更多的资金用于基础设施建设、公共产品和公共服务的投资，增加了农村公共产品供给，另一方面将财政收入通过转移支出的方式使得农户的补贴金、救济金、社会保障福利津贴、失业补助等有所提高，促进农村社会福利分配的改善。

2.5.2.2 收入分配的作用机制

金融在农村地区的发展对乡村振兴的发展作用除了表现在效率上，还应表现在公平上。也就是说，金融在农村地区的发展不仅可以通过经济增长机制来促进乡村振兴建设，还可以通过收入分配机制来推动乡村振兴的发展。关于金融发展对乡村振兴发展的收入分配的作用机制主要分为两个方面：金融发展影响收入分配的作用机制和收入分配影响乡村振兴建设的作用机制。

第一，关于金融发展影响收入分配的作用机制主要分为市场分配方式和非市场分配方式。其中，非市场分配方式体现在政府财政支出的二次分配效应。市场分配方式则主要通过改变劳动力市场格局和改变信贷市场格局来实现。对劳动力市场来说，经济的增长带动农村地区产业的发展，为农户提供了更多的就业机会，从而影响劳动者的收入水平。但是，农村地区的低收入劳动力因缺乏教育和资金等大多属于低技能的，如果经济的增长增加了低技能劳动力的需求，则缩小了农村地区的收入差距；如果经济的增长刺激了高技能的劳动力需求，则扩大了农村地区的收入差距。对信贷市场来说，农村经济的增长使借贷市场的资金越来越多，扩大了农村金融服务的范围，更多的农户可以享受金融服务，从而农户的收入来源增多，进而改善了收入分配情况。

第二，关于收入分配影响乡村振兴建设的作用机制主要表现为两种情况，同等平均收入水平有利于乡村振兴的发展；收入分配差距较大将会抑制经济增长和收入增长带来的促进乡村振兴发展的效应。

3 农村金融支持乡村振兴的历史与现实考察

理论来源于实践，理论可以为实践提供指导。要探究金融服务创新促进乡村振兴战略实施的长效机制，需要从理论的角度对金融支持乡村振兴的历史与现实进行全面考察，需要对国外相关的成功经验进行归纳总结。需要特别说明的是，从史学的角度来看，不少学者认为乡村振兴战略并非空穴来风，是前一阶段新农村建设在新的时代背景下的进一步创新和发展。从新农村建设到乡村振兴，折射出中国三农发展所面对的主要矛盾的变化。十多年前，中国农业和农村发展处在艰难的爬坡阶段，农业基础设施脆弱、农村社会事业发展滞后、城乡居民收入差距扩大的矛盾依然突出。而现阶段中国农村的问题发生了改变。比如，现阶段中国发展不平衡不充分问题在乡村最为突出，主要包括农产品阶段性供过于求和供给不足并存，农民适应生产力发展和市场竞争的能力不足，农村在基础设施建设和民生领域欠账较多，国家支农体系相对薄弱，农村基层党建存在薄弱环节，乡村治理体系和治理能力亟待强化。

3.1 金融支持乡村振兴的历史考察

3.1.1 学者推动型的新农村建设沿革

从史学的角度来看，学者推动乡村建设的历史最早可以追溯到 20 世纪初。1904 年，我国历史上第一个农民自治学社就在河北省定州市翟城村正式成立。随后几十年，我国乡村建设运动逐渐形成高潮。据统计，在这一时期直接参与乡村建设的学术团体和教育机构超过 600 个，试验区 1 000 多处（李周，

2013)[1]。

从学者推动乡村建设的具体实践来看，最具代表性的是 1926 年晏阳初的翟城新农村建设和 1931 年梁漱溟的山东乡村建设研究院。前者尝试以河北省定县翟城为样本，努力尝试四大教育，全面提升个体农民的知识力、生产力、强健力和团结力，为农村经济、社会的发展夯实基础；后者以山东省邹平县为例，创办山东乡村建设研究院，并发行《乡村建设》半月刊，高度重视培育乡村自治能力，重视农业科学技术的推广，推动信用合作、产业合作和消费合作。改革开放以来，1999 年北京大学的林毅夫教授率先提出"新农村运动"的主张，建议在继续加大力度支持"农产品进城"的同时，重视"工业品下乡"，采取措施逐步创造农民使用摩托车、洗衣机、电冰箱、电视等耐用消费品的条件，从而扩大内需，促进经济发展。2000 年，中国社会科学院陆学艺研究员提出以小城镇建设为中心的新农村运动，从深化户籍等制度改革，建立城乡统一的教育、卫生、文化等社会事业体制入手，将国家宏观经济的发展引入良性轨道。

3.1.2 政府主导型的新农村建设沿革

农业是国民经济的基础，农业的发展直接关系到经济社会的可持续发展。新中国成立后，农村经济建设得到了国家的高度重视。20 世纪 50 年代中期，社会主义新农村建设的理念就已经开始萌芽。当然，基于特殊的历史环境考虑，这一时期新农村建设的重点是调整所有制关系，巩固并逐步加快部分地区的农业社会主义改造。改革开放初期，随着经济的快速发展，党中央在强调物质文明与精神文明一起抓的同时，明确提出要以"建设一个农、林、牧、副、渔全面发展，农工商综合经营，环境优美，生活富裕，文化发达的新农村"为目标来建设社会主义新农村。要在不断加快城乡经济发展的同时，稳步推进农业和农村经济发展。1998 年 10 月，党中央首次提出要从经济、政治和文化三个层面来建设社会主义新农村，要建设有中国特色的社会主义新农村。2005年年底，中央政治局明确规定社会主义新农村建设工作必须稳步推进，是 2007 年经济工作的重点之一。

总体来看，不同历史时期我国新农村建设的侧重点存在显著差异。新中国成立初期的新农村建设更为侧重的是计划经济建设，而改革开放以后的新农村建设侧重的是市场经济建设，是市场经济体制在农村经济领域的延续。新中国

---

① 李周. 中国新农村建设实践研究 [J]. 东岳论丛，2013，34（8）：132-139.

成立初期的新农村建设更为侧重的是取消私有制，逐步在农村建立社会主义公有制，而改革开放以来的新农村建设更为侧重的是农村市场环境建设，特别强调农村的公平、公正和和谐，追求的是缩小城乡差距，竭力实现城乡融合发展。与以往的新农村建设相比，现在的新农村建设更为侧重的是培育农村的"造血功能"，重视对农村各级各类新型农业经营主体的培育，强调对农民合法权益的保护、农业支持体系的完善和农村公共品供给的增加，强调农民在当代社会的获得感和幸福感。

3.1.3 新农村建设过程中的金融服务

2005年10月8日召开的十六届五中全会正式通过《中共中央关于制定国民经济和社会发展第十一个五年规划的建议》，建议明确提出，要严格按照"生产发展、生活宽裕、乡风文明、村容整洁、管理民主"的要求扎实稳步推进社会主义新农村建设。进一步来讲，就是要全面提高农业综合生产能力，进一步夯实农业的国民经济基础地位，强化农业的市场竞争力，切实保障国家的粮食战略安全；要根据形势发展的需要，高度重视对农民的培训力度，全面提高农民的综合素质，将传统农民变为现代意义上的职业农民，保障农民的持续增产增收能力；要高度重视对农民的家庭美德、职业道德、社会公德教育，提升农村社区的乡风建设水平，营造农村社区的文明氛围，减少直至杜绝农村社区违法乱纪行为的发生；要通过个体农户改水改厕，提高社区生活污水处理水平、生活垃圾集中处理力度，切实提升农村居民的居住环境；要不断推进农村基层民主建设，加大农民参与社区管理的力度，切实保障农民的民主权利；要采取措施来全方位多角度筹措资金，不断扩大公共财政覆盖农村的范围和建立全社会参与的激励机制，促进农村基础设施建设和农村公共事业发展，扭转农村经济社会发展滞后的局面；要通过深化经济体制改革，建立统筹城乡发展的体制。

上述新农村建设的内容表明：经济决定金融，金融服务经济，现代金融是现代经济的核心，新农村建设离不开现代金融的支持。伴随我国改革开放以来城镇经济的快速发展，受资金逐利性和避险性的直接影响，农村资金外流问题表现得越来越明显，农村信用合作社和邮政储蓄渠道的资金外流表，见表3-1。在农村资金大量外流的直接制约下，新农村建设过程中的融资难问题日益明显。为此，2006年2月，时任中国银监会主席刘明康召开专题会议，要求金融机构全面贯彻落实党中央和国务院的文件精神，严格按照科学发展观的要求，积极为社会主义新农村建设提供资金支持。

表 3-1　农村信用合作社和邮政储蓄渠道的资金外流表

单位：亿元

年份	农信社存款	邮政储蓄存款	农信社和邮政储蓄存款合计	农信社贷款	存款和贷款差额	农信社和邮政储蓄存贷款比	农村资金净流出
1979 年	215.90	—	215.90	47.50	168.35	22.00%	47.50
1985 年	724.90	—	724.90	400.0	324.90	55.20%	55.50
1990 年	2 144.90	45.80	2 190.70	1 413.0	777.70	64.50%	188.70
1995 年	7 172.99	546.90	7 719.80	5 234.2	2 485.60	67.80%	645.50
2000 年	15 129.4	1 632.69	16 762.10	10 489.3	6 272.79	62.60%	877.60
2001 年	17 263.4	2 024.85	19 288.25	11 971.0	7 317.25	62.10%	1 078.70
2002 年	19 875.5	2 511.90	22 387.40	13 937.7	8 449.70	62.30%	1 256.30
2003 年	24 107	8 800.00	32 907.00	17 194.00	15 713.00	52.30%	1 540.50

注："—"表示数据缺失。

资料来源：岳意定，蔡四平. 我国农村金融组织体系的治理与新农村建设［J］. 湖南师范大学学报（社会科学版），2006（3）：11.

具体来说：第一，农村信用合作社需要继续发挥支农的作用。社会主义新农村建设在为农村信用合作社发展提供拓展空间的同时，也要求农村信用合作社不断完善法人治理结构，强化科学管理机制，竭力强化业务创新，在继续服务个体农户小额信用贷款、农户联保贷款的同时，根据新农村建设的具体进度，尝试新思路、新机制，搞活小企业融资；要求农村信用合作社高度重视对产业化、产业集群的扶持力度，高度重视能够有效促进农村经济社会发展需要的中间业务。比如，要大力发展结算、信用卡、理财服务等，要提高自身服务新农村建设的能力，农村信用合作社特别要对农村"两水"（饮水和灌溉用水）、"三网"（电网、路网、通信网）、"两气"（沼气、液化气）、"两个市场"（境内外销售市场）等带有政策性的基础设施建设领域加大投入。第二，商业银行要高度重视对新农村建设的支持。虽然目前农村最主要的正规金融机构是农村信用合作社，但随着国家对农村的高度重视，一些金融机构也纷纷以多种形式存在，如商业银行在农村开办的村镇银行等。作为商业银行，其更多的是将商业资金投入高回报的项目建设中，而农业项目大多自身存在先天不足、后天失调的特征，较难从商业银行获得信贷资金。为促进社会主义新农村建设，商业银行也要大力增加对具有资源优势和产业优势的农产品产业带、主导产业生产基地、农产品专业市场建设的资金投入，支持外贸和新兴领域的农村商业企业，扩大对农村私营业主、民营企业金融服务的覆盖率。以重庆市为例，为支持重庆市下属各区（市、县）的社会主义新农村建设，除重庆农村商业银行外，重庆银行、三峡银行和国有四大银行下属各分支机构均立足现实，重点从各级各类新型农业经营主体培育、农业产业基地建设、农产品深加工项目扶持等层面着手，加大对各区（市、县）人民政府的投入力度，有力地促进了农村经济发展，为社会主义新农村建设提供了资金保障。第三，保险机构高度重视对涉农保险的投入力度。与发达国家相比，我国农业保险无论是总额还是险种，均存在较大的差距。为促进社会主义新农村建设，保险机构根据农业生产的季节性特点和种养殖业产销过程中的现实困难，先后开发了主要农作物保险、种养殖业农业保险以及其他各种涉农保险，这些保险险种的开发为社会主义新农村建设提供了新的支持。

3.2　金融支持乡村振兴战略实施的现实考察

按照范毅（2017）的观点，乡村振兴战略不仅是新时期乡村发展的方向，还是乡村发展的新思路，更是未来城乡发展的重大战略性转变①。与以往的城乡关系论断相比，党的十九大报告中关于乡村振兴战略的提法率先将乡村作为一个整体来看待，改变了过去乡村从属于城市的理念，更为强调乡村自身的发展，暗含着在国家现代化发展过程中，乡村应该扮演与城镇相对等的角色，乡村是与城镇平行的实体。从目前的情况来看，作为一个单独的实体，乡村的经济发展还不够充分，虽然这与我国历史和现实紧密相关，但是金融服务的滞后对其影响是不可忽视的，田坤明和廖中新（2013）、鲁钊阳（2017）、满明俊（2017）等人的研究成果已经证实了这一点②③④。从现实来看，金融服务对乡村经济发展的制约，主要体现在影响农村一、二、三产业及其融合发展层面。

---

① 范毅."一带一路" + "新型城镇化"：城镇化合作新空间［J］.城乡建设，2017（11）：24-25.

② 田坤明，廖中新.健全农村金融服务体系：矛盾、问题及对策——关于四川珙县农村金融服务体系的调研报告［J］.西南金融，2013（2）：37-40.

③ 鲁钊阳.新型农业经营主体对 P2P 网络借贷的接受意愿分析［J］.财经论丛，2017（2）：58-66.

④ 满明俊.深入推进农业供给侧结构性改革 开辟农村金融服务新局面：从金融视角解读2017 年中央一号文件［J］.农村金融研究，2017（3）：47-51.

3.2.1 金融服务制约农村第 产业发展

依据不同的分类标准，产业可以划分为不同的种类。从现实来看，理论界和实务界多采用三次产业分类法，将产业分为第一产业、第二产业和第三产业。其中，第一产业主要指农业，第二产业和第三产业分别指工业和服务业。借鉴三次产业分类法，农村内部的产业结构也可以被划分为三大类，分别是农村第一产业、农村第二产业和农村第三产业。结合农村经济社会发展的实际情况来看，农村第一产业主要指种植业、林业、畜牧业以及渔业等；农村第二产业主要指农村工业；农村第三产业则主要指服务于农村经济社会发展的产业（王乐君 等，2017）[①]。改革开放以来，我国农民人均可支配收入显著增加，农业综合竞争力稳步提升，农村经济发展迅速。但与城镇相比，受农业自身特性的影响，我国农村第一产业发展仍然面临诸多现实困境。在这些困境中，金融服务难以满足农村第一产业发展的需要表现得尤为突出。从现实来看，种植业领域、林业领域、畜牧业领域以及渔业领域的农业经营主体都存在金融服务需求无法得到有效满足的问题，于丽红等（2015）、董翀等（2015）、李庆海等（2016）、米运生等（2017）、何广文和何婧（2017）等相关学者们的研究成果也进一步证实了这一点[②③④⑤⑥]。不仅如此，在各种金融新业态不断出现的情况下，即便是上述农业经营主体采取非传统的方式来获取金融服务，同样难以得到有效满足。比如，鲁钊阳（2016）的研究成果就表明，P2P 网络借贷虽然在一定程度上可以满足农户的融资需求，但其对于彻底有效地解决农户金融需求则效果并不明显，P2P 网络借贷可以作为农户获得融资的一种新途径，但不能作为解决农户融资问题的根本[⑦]。与农村第二产业和农村第三产业

---

① 王乐君，寇广增. 促进农村一二三产业融合发展的若干思考 [J]. 农业经济问题，2017（6）：82-88.

② 于丽红，兰庆高，戴琳. 不同规模农户农地经营权抵押融资需求差异及影响因素：基于 626 个农户微观调查数据 [J]. 财贸经济，2015（4）：74-84.

③ 董翀，钟真，孔祥智. 农户参与价值链融资的效果研究：来自三省千余农户的证据 [J]. 经济问题，2015（3）：85-92.

④ 李庆海，吕小锋，李锐，等. 社会资本有助于农户跨越融资的双重门槛吗？——基于江苏和山东两省的实证分析 [J]. 经济评论，2016（6）：136-149.

⑤ 米运生，曾泽莹，高亚佳. 农地转出、信贷可得性与农户融资模式的正规化 [J]. 农业经济问题，2017（5）：36-45.

⑥ 何广文，何婧. 金融需求新特征及深化金融服务的路径探讨：基于农业供给侧结构性改革背景 [J]. 农村金融研究，2017，（4）：19-24.

⑦ 鲁钊阳. P2P 网络借贷能解决农户贷款难问题吗？[J]. 中南财经政法大学学报，2016，（2）：149-156.

相比，金融服务对农村第一产业的制约表现得更为显著。当然，这与农村第一产业农业经营主体自身的素质是密切相关的。

从理论上来说，完善的金融服务会为第一产业的发展保驾护航。但是，现实生活中的金融服务并非如此，其已经严重制约了第一产业的发展。基于2010—2020年全国地级市层面的面板数据，笔者对农村人均贷款余额（金融服务水平）与农村人均农林牧渔产值（农村第一产业发展）之比进行双对数模型回归分析。结果发现：金融服务水平对农村第一产业发展具有显著的负面影响。之所以如此，并不是金融服务不能够有效促进第一产业的发展，而可能是因为金融服务发展水平不够高，并未能达到有效促进第一产业发展的程度，可能金融服务能否促进第一产业的发展还存在门槛效应，即只有当金融服务发展的水平高于一定的门槛值，金融服务才能够有效促进第一产业的发展。否则，在门槛值之下，金融服务自身的功能并不能够有效发挥，只会阻碍第一产业的发展（刘和平 等，2017）。

不仅如此，笔者的实地调研也支持上述研究结论。在笔者实地访谈的对象中，75%的农户明确表示虽然近些年来国家越来越重视农业和农村的发展，但金融机构自身的逐利性和避险性并没有发生本质的变化，无论是个体农户还是农户联保，如果没有足额的抵押品很难及时获得足够的贷款。当然，在国家政策的刺激下，零星的小额（比如2 000元以下的）贷款相对以前还是比较容易获得。90%以上的农户明确表示自身对理财产品并不熟悉，对金融机构推荐的理财产品基本都持排斥的态度，他们更愿意将现金以活期或者是定期的方式存入银行。至于农业保险，除乡（镇）政府工作人员竭力推荐的保险外，几乎没有农户愿意购买农业保险，他们更多的是觉得农业保险作用不大，对农业保险的认识不到位。在贷款难、理财难和不愿意购买农业保险的前提下，农户家庭第一产业发展都不够理想，65%以上的农户更倾向于外出务工，而留守农村的农户除从事基本的粮食种植外，有些开始从事农产品电商，有些从事专业的生猪养殖等。即便不少农户会选择种植水稻以满足基本的生存需要，仍然有高达53%的农户会购买大米等基本农产品。虽然2018年各地已经开始大力推行乡村振兴战略，但在农业人口外流和农村经济凋敝的现实情况下，仍然有35%的农户表示自己出资改善自身生活条件（如厕所改造）还较为困难，82%的农户表示留在农村完全从事农业生产经营无法养活家人。

3.2.2　金融服务制约农村第二产业发展

与以种植业、林业、畜牧业以及渔业等为代表的农村第一产业相比，农村第二产业的发展具有一定的优势。改革开放以来，随着乡镇企业的发展，沿海发达地区农村工业初具规模，它们是金融机构在农村的重要服务对象。即便如此，它们的金融服务需求也并没有得到金融机构的全部满足。比如，在投资方面，由于农村工业企业整体发展水平仍然相对落后，虽然其具有一定的投资需求，但其投资需求相对于金融机构的交易成本来说仍然微不足道。因此，金融机构基于交易成本考虑，不愿意也不可能在农村地区为农村工业企业发展提供全方位、多渠道的投资理财产品。从目前的实际情况来看，金融机构在农村地区为农村工业企业提供的最主要投资方式仍然是储蓄，农村工业企业通过储蓄的方式获得相应的利息。虽然目前一些农村地区的商业银行网点也开始提供理财产品，但理财产品数量少，限制多，优质理财产品捆绑销售的方式尤为常见。从笔者2020年年初对重庆市十余区（市、县）调研实际情况来看，普通商业银行网点提供的多是风险相对较大的短期理财产品或者是期限较长的理财产品，对于收益与风险都比较中性的理财产品极为少见，没有任何商业银行网点提供国债买卖业务。不仅如此，对于收益比较稳定的基金产品，商业银行经营网点均设有较多的限制，如单次购买的净额要超过10万元以上等。在融资方面，多数农村工业企业对资金的需求量大，并且倾向于中长期贷款。而与此同时，农村工业企业发展水平有限，自身各方面的财务管理制度不够健全，难以有效通过正规金融机构的审核，导致相当多数的农村工业企业长期游离于正规金融机构的服务范围之外，自身的融资诉求难以得到有效满足。在个性化金融服务供给方面，由于绝大多数农村工业企业扎根农村，远离城镇，对金融机构的相关政策并不了解，因此，即便是其自身条件具备，也往往会失去得到个性化金融服务的机会。基于交易成本考虑，金融机构大多"嫌贫爱富"，自然也就对农村工业企业的重视程度不够，对农村工业企业的个性化金融服务也不太了解，农村工业企业的需求与金融机构所能够提供的个性化金融服务之间存在比较严重的脱节现象。

前文的理论分析表明，完善的金融服务会促进第二产业的发展，现实中并不完善的金融服务能否促进第二产业的发展呢？对此，有必要进行进一步的实证研究。基于2010—2020年全国地级市层面的面板数据，笔者对农村人均贷款余额（金融服务水平）与农村县域人均工业产值（农村第二产业发展）之比进行双对数模型回归分。结果发现：金融服务水平并未能有效促进县域工业的发展。之所以如此，并不是因为金融服务不能够有效促进农村第二产业的发展，而可能是因为金融服务发展水平不高，并未能达到有效促进农村第二产业发展的程度。

上述研究结论在实地调研中得到了进一步的证实。笔者在实地调研过程中发现：虽然与传统的种养殖业相比，农村工业企业在享受金融服务方面具有一定的优势，但仍然面临着贷款难、理财难和买保险难的现实困境。与农村第一产业相比，农村第二产业发展所需的资金需求量相对较大，有些在贷款周期方面还较长。与城镇工业企业相比，农业第二产业企业在抵押品方面存在的问题较多，最为主要的表现是抵押品不足值或者是抵押品难以变现，难以得到金融机构的青睐。在理财方面，虽然金融机构高度重视农村第二产业企业的理财诉求，但金融机构能够提供的理财产品极为有限，甚至有些理财产品自身就非法。在农村地区，农业保险虽然近些年来发展较快，但仍然难以有效满足需要，专门针对农村第二产业企业的保险品种尤为匮乏。笔者在重庆綦江区的调研中发现：虽然在乡村振兴战略稳步推进的关键时刻，农村工业企业愿意积极参与乡村振兴，更希望通过乡村振兴来进一步发展自身，但金融服务的严重滞后让绝大部分企业有心无力。总体来看，金融机构目前还缺乏专门针对乡村振兴战略实施的金融产品，农村工业企业的金融诉求目前还难以得到有效满足。

3.2.3 金融服务制约农村第三产业发展

作为服务于农村经济社会发展的产业，农村第三产业的发展比农村第一产业和农村第二产业的发展要相对滞后。从目前的实际情况来看，农村第三产业主要表现为农村商贸业和农村物流业。在目前经济形势下，前者的典型代表是各级各类农产品电商，而后者的典型代表则是农村规模大小不一的物流公司。在国家和各地方政府的支持下，农产品电商的门槛相对来说比较低，对从业者并无资金量的要求，基本上是愿意从事农产品电商的个体都可以根据自身的实际情况从事相关的业务。即便如此，要将电商业务进一步扩大，则需要更多的资金投入，这些资金主要用于雇佣相应的劳动力和添置相应的电子设备。从农产品电商交易流程来看，无论是组织货源、接受客户询盘，还是发货、收款、处理反馈问题等，都需要大量的人手投入。与此同时，扩大规模还需要添置计算机、数码相机（用于农产品拍照）等，这些都涉及资金投入，需要金融机构介入。实践已经证明，卓有成效的资金投入是农产品电商健康、稳定、可持续发展的关键。

对金融机构而言，直接给农产品电商放贷存在困难。因为与农村第一产业和农村第二产业相比，农产品电商受客观条件制约太多，对电商的交易不好直接判断，对电商的交易流程无法有效监控，直接放贷存在无法回收的风险。从某种意义上说，金融机构的"不作为"直接影响了农产品电商的进一步发展壮大。与农产品电商不同的是，农村物流公司的经营需要更多的资金投入，除正常的人手投入外，运营车辆的购置、专业仓储的新建都涉及大量的资金投入，这也是普通农户无法承受的。一般情况下，成立农村物流公司需要金融机构的大力支持，很少有完全依靠自身的资金投入来组建、运营物流公司的情况。与农产品电商类似的是，金融机构无法对物流公司的未来运营状况做出科学合理的判断，一旦物流公司陷入经营困境，金融机构除折价回收相关车辆外，无法通过其他有效途径来尽可能地降低损失。基于此，大多数时候，金融机构不愿意深度介入农村第三产业的发展，这也在很大程度上直接制约了农村第三产业的发展。

显然，完善的金融服务会为第三产业的发展保驾护航，那么，发展水平滞后的金融服务能够促进第三产业的发展吗？对此，有必要进行进一步的深入分析。基于2010—2020年全国地级市层面的面板数据，笔者对农村人均贷款余额（金融服务水平）与农村县域人均社会消费品零售额（农村第三产业发展）之比进行双对数模型回归分析。结果发现：金融服务水平对农村第三产业发展具有显著的负面影响。之所以如此，并不是因为金融服务不能够有效促进第三产业的发展，而可能是因为金融机构自身具有嫌贫爱富的特质，在抵押品缺失、不能变现或不足值的影响下，农村第三产业相当部分主体被排斥在农村正规金融机构的服务范围之外，其自然就不能够借助金融服务的发展来提升自己。

上述研究结论在实地调研中得到了进一步的证实。笔者的实地调研发现：农村第三产业的发展水平整体较低，农村第三产业的主要形态表现为农产品商贸物流业、农产品电商配套服务业等。虽然随着国家对农村发展的日益重视，农村基础设施建设取得了显著成就，但金融服务的滞后却严重制约着农村第三产业的发展。以商贸物流业为例，在农产品大量上市之际，即便从事商贸业的农户急需资金支持，但在抵押品方面存在的缺陷严重制约着金融机构放贷，从事商贸业的农户很难及时、足额获得资金。不仅如此，虽然各地农产品电商发展得如火如荼，国家和地方政府对农产品电商的发展也给予了大量的资助，但仍然有个别农户在开通互联网和购买电脑方面存在资金困难，也很难从金融机构获得相应的贷款。笔者在酉阳县的调研中发现，该县山区乡镇生产野生茶油，在市场上野生茶油价格在120元/千克，但由于从事运输的商贩无法从金融机构获得贷款购买运输车辆，每年大量的野生茶油只能是被外省的公司开车来收购并直接出口日本。在电商市场，真正的野生茶油并不多，而酉阳县货真价实的野生茶油却无法通过互联网销售出去。金融服务的不健全、金融服务的滞后，严重制约着农村第三产业的发展，也在很大程度上直接影响乡村振兴战略的稳步推进。

3.2.4 金融服务制约农村"三产融合"发展

在 2015 年的中央一号文件中，"三产融合"的概念首次被正式提出。在 2015 年的中央一号文件中，中央明确提出，要通过"推进农村一二三产业融合发展"的途径实现农民增收的目标。在 2016 年的中央一号文件中，中央再次强调，要深度推进农村三产融合，"推进农业产业链整合和价值链提升，让农民共享产业融合发展的增值收益，培育农民增收新模式。"在 2017 年的中央一号文件中，中央虽然没有再次明确提出三产融合，但对壮大新产业新业态、拓展农业产业价值链做出重要部署，这些部署必将进一步推动农村三产深度融合。中央之所以高度重视三产融合问题，主要是因为单纯依靠农村第一产业、第二产业和第三产业的发展，农民在农产品产—供—销一体化过程中实际收益有限，或者说，农户在自身实际利益不能够得到充分保障的前提条件下，主动融入农产品产—供—销一体化过程的积极性不高，农业产业链上的成果难以有效惠及个体农户。而农村三产融合，可以有效延伸农业产业链，扩大农业产业范围，拓展农业功能，真正将个体农户融入农产品产—供—销一体化过程中，可以显著增加农民收入。此外，农村三产融合，还有利于达成加快农业现代化和城乡融合发展的目标（马晓河，2015；姜长云，2015；郑凤田 等，2015；赵霞 等，2017)①②③④。

要延伸农村第一产业的产业链，提升农户在农产品产—供—销一体化过程中的实际收益，必须高度重视农产品加工业的发展，也就是要加快农村第二产业的发展。而要通过进一步增加农民收入，卓有成效地将经过深加工的农产品销售出去，必须高度重视农村第三产业的发展。进一步地讲，三产融合要求农村一二三产业打破传统的产业界限，根据产业发展的实际需要，有条不紊地将产业链不断延伸，通过产业链的延伸强化产业之间的深度融合。从现实来看，金融服务对农村三产融合的制约主要体现在对农业产业链延伸融资的制约方

---

① 马晓河. 推进农村一二三产业深度融合发展 [N]. 农民日报，2015-02-10 (1).

② 姜长云. 推进农村一二三产业融合发展，新题应有新解法 [J]. 中国发展观察，2015 (2)：18-22.

③ 郑凤田，王旭. 新型乡村治理：挑战及破解之道 [J]. 人民论坛·学术前沿，2015 (3)：14-24.

④ 赵霞，韩一军，姜楠. 农村三产融合：内涵界定、现实意义及驱动因素分析 [J]. 农业经济问题，2017 (4)：49-57.

面。因为金融机构在实际提供金融服务的过程中，高度重视对融资主体和融资项目资金使用方向的监管，对主业是农村第一产业的农户来说，要通过金融机构所提供的金融服务来发展兼业的其他项目（如农村第二产业和农村第三产业项目），往往会存在制度性壁垒。也就是说，在三产融合过程中，农户所需求的金融服务与金融机构自身的管理制度是矛盾的。尽管目前绝大多数金融机构按照国家三产融合的方针，先后出台了相关支持农村三产融合的政策，但在实际操作过程中，特别是在促进农业产业链纵向发展方面仍然困难重重（满明俊，2011；宋雅楠 等，2012；吴刘杰，2017）①②③。

很显然，完善的金融服务能够为农村三产融合提供条件，有利于促进农村三产融合。从现实来看，农村金融服务发展水平还存在较大的差距，且不同地区之间农村金融服务发展水平异质性较为突出。发展水平滞后的金融服务能够促进农村三产融合吗？基于2010—2020年全国省级单位面板数据，笔者对农村人均贷款余额（金融服务水平）与农村农产品商品化率（农村三产融合水平）之比进行双对数模型回归分析。结果发现：金融服务水平对农村三产融合具有显著的负面影响。之所以如此，并不是因为金融服务不能够有效促进农村三产融合，而可能是因为金融机构自身具有嫌贫爱富的特质，在抵押品缺失、不能变现或不足值的影响下，农村各级各类新型农业经营主体经常被排斥在农村正规金融机构的服务范围之外，农村三产融合在发展水平滞后的农村金融服务影响下举步维艰。

上述研究结论在实地调研中得到了进一步的证实。笔者的实地调研发现：农村三产融合方面还存在较大的问题，特别是金融服务跟不上严重制约着农村三产融合。与单纯的农村第一、第二、第三产业相比，三产融合的要求更高，现有金融机构继续沿袭原有的操作模式，不仅不能够有效满足农村三产融合的需要，而且还在很大程度上直接制约着三产之间的融合。以重庆市潼南区的HGH家庭农场为例，在开办家庭农场之前，HGH专门从事蔬菜种植，并建有自己的蔬菜大棚，能够从事反季节蔬菜种植，每年都能够获得丰厚的回报。开办家庭农场以后，HGH不仅需要继续从事蔬菜种植，还需要在蔬菜的深加工方面做出努力，需要雇佣工人，购买各种专业机器设备，也需要加大广告投入

① 满明俊. 农业产业链融资模式比较与金融服务创新：基于重庆调研的经验与启示 [J]. 农村金融研究，2011（7）：24-29.

② 宋雅楠，赵文，于茂民. 农业产业链成长与供应链金融服务创新：机理和案例 [J]. 农村金融研究，2012（3）：11-18.

③ 吴刘杰. 推进农业产业链金融的思考与建议 [J]. 武汉金融，2017（2）：72-73.

来拓展产品的市场空间。可以说，开办家庭农场以后，HGH 全面介入蔬菜的产供销一体化各环节。要维持家庭农场的正常运转，HGH 需要介入蔬菜产供销的每一个环节，在金融服务不够健全的情况下，HGH 家庭农场发展举步维艰。在乡村振兴战略实施的背景下，三产融合确实可以为农村第一、第二、第三产业及其之间的融合创造条件，但在金融服务难以满足实际需要的时候，三产融合必然会陷入困境。

4 农村金融支持乡村振兴的现状分析

要制定清晰的农村金融支持重庆市乡村振兴的行动方案，既需要掌握当前乡村振兴和农村金融发展的现实状况，也需要厘清农村金融支持重庆市乡村振兴过程中的供给与需求状况。因此，本章首先利用省级层面的宏观统计数据，围绕产业兴旺、生态宜居、乡风文明、治理有效和生活富裕五个维度对重庆市乡村振兴的发展现状进行剖析，并从农村金融机构、从业人员、涉农信贷、农业保险业务等层面，分析重庆市农村金融的发展情况。其次，本章利用微观调查数据，对重庆市实施乡村振兴的金融需求状况进行分析，并考察重庆市金融服务乡村振兴的既有政策措施，金融支持品种、力度和效果等，旨在对重庆市乡村振兴中的金融服务供需现实状态有一个清晰的认识，以期为金融机构的金融服务供给方式创新提供参考。

4.1 重庆市乡村振兴发展状况

按照乡村振兴战略的总要求，本节从产业兴旺、生态宜居、乡风文明、治理有效和生活富裕五个方面来概述重庆市乡村振兴建设的现状。

4.1.1 重庆市乡村产业兴旺发展概况

4.1.1.1 农林牧渔业生产形势较好

重庆市农林牧渔业总产值由 2010 年的 980.452 3 亿元增长到 2020 年的 2 749.050 2 亿元，增长了 1.80 倍。其中，林业总产值从 30.402 1 亿元增长到 126.036 4 亿元，增长了 3.15 倍；农业总产值从 600.025 2 亿元增长到 1 596.132 5 亿元，增长了 1.66 倍；牧业总产值从 309.182 8 亿元增长到 871.852 2 亿元，增长了 1.82 倍；渔业总产值从 27.208 3 亿元增长到 107.312 2 亿元，增长了 2.94 倍。整体呈现出波动上升的态势。2010—2020 年重庆市农林牧渔业总产值情况见图4-1。从全市农林牧渔业产值的分布来看，主要是以农业和牧业为主，而林业和渔业占比较少。从整体来看，农林牧渔业总产值和各部分的产值均保持着稳定的增长趋势，这表明乡村产业经济总体上是在持续发展的。

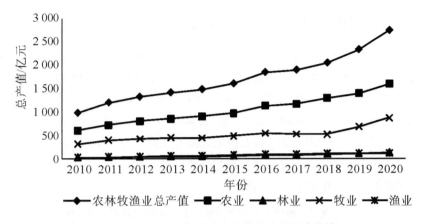

图4-1　2010—2020年重庆市农林牧渔业总产值情况

资料来源：重庆统计年鉴（历年）。

4.1.1.2　农业综合生产能力提高

农业综合生产能力是影响农村产业发展的关键因素，决定着农业的发展水平。2020年，重庆市粮食播种面积达2 003 058公顷，粮食总产量达1 081.42万吨。2020年，重庆市高粱总产量64 308吨，比2010年的产出增长了60.96%；大豆总产量202 164吨，比2010年的产出增长了11.59%；马铃薯总产量118.31万吨，是2010年总产量的1.06倍，增长了5.51%；油料总产量670 672吨，是2010年总产量的1.51倍，增长了50.88%；油菜籽总产量513 672吨，是2010年总产量的1.5倍，增长了50.11%；蔬菜总产量2 092.57万吨，是2010年产出的1.60倍，增长了59.79%；水果总产量514.82万吨，是2010年产出的2.16倍；禽蛋总产量45.72万吨，是2010年总产量的1.23倍，增长了22.84%。

4.1.1.3　农业生产条件不断改善

农业生产条件是提高农业技术水平的关键，只有通过不断地优化和改进，才能使更多的先进农机被合理地推广和使用，从而大大提高农业生产速度和效率。随着农业科技的进步，重庆市农业生产环境得到了很大的优化。重庆市统计资料显示：2020年，重庆市的灌溉面积为69.83万公顷，比2010年增加1.90%；农用机械的总功率为1 497.99万千瓦，较2010年增长了39.86%；农业肥料施用 89.83 万吨，比 2010 年下降 2.17%；水膜使用量 4.17 万吨，较 2010 年增长了 13.93%；农药使用量 1.62 万吨，较 2010 年减少了 22.86%。从以上数据可以看出，重庆市农业生产状况得到了明显的改善，并朝着科学技术、绿色、无害化的方向发展。

4.1.2 重庆市乡村生态宜居发展概况

长期以来，重庆市农业产业大多实行粗放式发展，由此伴随而来的农业面源污染不可忽视。在推动乡村生态振兴进程中，必须减少农业化学投入物等的使用，重视乡村生态环境保护与治理。2020 年重庆市农用化肥施用量和农药使用量分别为 89.83 万吨和 1.62 万吨，较 2015 年分别下降 8 个百分点和 11 个百分点，且 2015—2020 年重庆市农用化肥施用量和农药使用量均呈持续下降趋势（见表 4-1）。这表明自实施乡村振兴战略以来，重庆市农村地区的生态问题已经引起了重视，并取得一定的成效。

表 4-1　重庆市农用化肥施用量和农药施用量情况　单位：万吨

年份	农用化肥施用量	农药使用量
2015 年	97.73	1.82
2016 年	96.16	1.76
2017 年	95.46	1.75
2018 年	93.17	1.72
2019 年	91.08	1.65
2020 年	89.83	1.62

4.1.3 重庆市乡村乡风文明建设概况

乡风文明建设首先要从提高农村的医疗水平和教育水平着手。重庆市 2020 年教育支出占一般公共预算支出的比重为 15.43%，相较于 2016 年增长了 1.06 个百分点，重庆市的教育支出在 2016—2020 年一直处于增长趋势。此外，重庆市 2020 年每万人常住人口所拥有的医疗卫生机构床位数达 73.41 张，较 2016 年增长了 17.25%，并保持较为稳定的增长趋势。以上数据反映出重庆市的乡风文明建设正在稳步推进。重庆市教育与医疗发展状况见表 4-2。

表 4-2　重庆市教育与医疗发展状况

年份	教育经费投入比重/%	每万人病床拥有量/张
2016 年	14.37	62.61
2017 年	14.44	67.01
2018 年	15.00	70.96
2019 年	15.02	74.22
2020 年	15.43	73.41

乡风文明建设除了提高教育水平和医疗水平，还需要大力弘扬优秀传统文化，它不仅可以为乡村振兴提供精神动力，而且可以将乡村文化和乡村环境相结合，促进旅游业的发展。重庆市宣传优秀传统文化大致分为三种：第一种是打造艺术工作室，以远山有窖为代表；第二种是举办艺术节，以巴渝农耕文化陈列馆为代表；第三种是打造艺术村落，如綦江区永新镇上厂村的古剑山艺术村。

4.1.4　重庆市乡村治理有效发展概况

重庆市围绕乡村善治，建立了党组织领导下的自治德治法治相结合的乡村治理体系。全市村书记、主任"一肩挑"比例达 98%，6 394 名优秀干部担任驻村第一书记；大力推广"积分制""清单制"，创新"民情茶室"等村民协商议事形式，化解矛盾纠纷 20 余万件；培育村（社区）"法律明白人"3.3 万余名，举办农村骨干法治培训 1 000 余场次，累计建成"全国民主法治示范村（社区）"89 个；深化"枫桥经验"重庆实践，实施平安创建"十百千"工程，打造平安示范村社 1 000 个，农民群众安全感有效提升。

4.1.5　重庆市乡村生活富裕发展概况

人均可支配收入是衡量居民生活水平的重要指标。2020 年重庆市农村常住居民人均可支配收入为 16 361 元，较 2015 年增加 5 856 元，增速为 55.74%，农村常住居民人均可支配收入保持快速增长趋势；2020 年重庆市城乡居民收入比为 2.45，较 2015 年下降 0.14，且近年来重庆市的城乡居民收入比继续保持下降；2020 年重庆市农村居民恩格尔系数为 36.7，较 2015 年下降 3.3，下降幅度明显（见表 4-3）。以上分析表明，随着乡村振兴战略的实施与推进，重庆市农村居民生活水平稳步提升，农村居民生活质量日益提高。

表 4-3　重庆市农村常住居民生活状况

年份	农村居民人均 可支配收入/元	城乡居民收入比	农村居民 恩格尔系数
2015 年	10 505	2.59	40.0
2016 年	11 549	2.56	38.7
2017 年	12 638	2.55	36.5
2018 年	13 781	2.53	34.9
2019 年	15 133	2.51	34.9
2020 年	16 361	2.45	36.7

4.2　重庆市农村金融发展状况

农村金融机构在农村金融发展中发挥着重要作用，农村金融为农村经济的发展提供支撑。重庆市农村金融组织主要包括农村合作银行、农村商业银行等，新型农村金融组织包括村镇银行、贷款公司等。

4.2.1　农村金融机构发展现状

截至 2020 年年末，重庆市共有农村金融机构 1 887 家，较 2010 年增长了 130 家，增速为 7.4%，其营业网点分布在全市各个农村地区。其中，重庆市有小型农村金融机构 1 763 家，新型农村金融机构 124 家，比 2010 年增长 7.9 倍。由图 4-2 可以看出，2010—2020 年重庆市的农村金融机构数总体呈上升的态势，2018 年首次突破 2 000 家，但 2019—2020 年有缓慢下降的趋势。

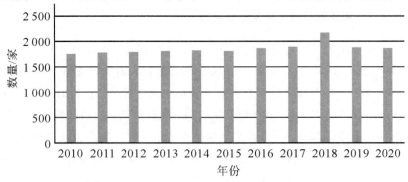

图 4-2　2010—2020 年重庆市农村金融机构数量

4.2.2 农村金融机构从业人员现状

截至 2020 年年末，重庆市共有 17 976 名农村金融机构从业人员，较 2010 年增加了 3 199 人，增速为 21.65%，但与 2018 年相比减少了 6 604 人（见图 4 -3）。其中包括 15 429 名小型农村金融机构从业人员和 2 547 名新型农村金融机构从业人员。从业人数下降是因为对新型农村金融机构的从业人员实行了简化政策，使得小型农村金融机构从业人员的增长幅度小于新型农村金融机构从业人员的下降幅度，所以，农村金融机构的从业人员数量从整体上来看有所下降。

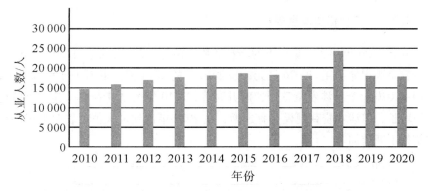

图 4-3 2010—2020 年重庆市农村金融机构从业人数

4.2.3 农村金融机构资产现状

截至 2020 年年末，重庆市农村金融机构的总资产达到 11 381 亿元，较 2010 年增加 8 518 亿元，约是 2010 年的 4 倍（见图 4-4）。其中，小型农村金融机构资产总额达到 11 004 亿元，新型农村金融机构资产总额达到 377 亿元。虽然 2020 年重庆市农村金融机构资产总额在 2010 年的基础上增长的幅度较大，但与 2018 年的资产总额相比仍有所下降，2018 年的资产总额已达到 11 647 亿元，整体先持续增长达到峰值后呈现出波动上升的趋势，表明重庆市在加强对农村金融机构的支持，进一步加大对"三农"的扶持力度。

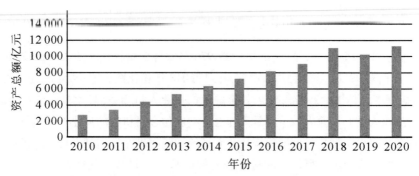

图 4-4　2010—2020 年重庆市农村金融机构资产总额

4.2.4　农村信贷发展现状

截至 2020 年年底，重庆市的涉农贷款余额为 6 236 亿元，比 2010 年的涉农贷款余额增加了 4 249.76 亿元，是 2010 年的 2.14 倍。由图 4-5 可以看出，2010—2020 年全市涉农贷款增速时升时降，2010 年的增速最高，其他年份均是正增长，但涉农贷款规模一直递增，在 2020 年达到最大值，表明重庆市涉农贷款不断增加。

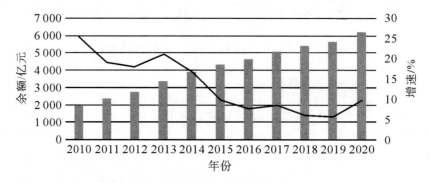

注："涉农贷款余额"见左纵坐标，"增速"见右纵坐标。

图 4-5　2010—2020 年重庆市涉农贷款余额及增速

4.2.5　农村保险发展现状

截至 2020 年年末，重庆市农业保险保费收入为 69 673 万元，比上一年增长 12.38%，在 2010 年保费收入的基础上增长了大约 9 倍。由图 4-6 可以看出，2010—2020 年，重庆市农业保险保费收入总体呈上升态势。就其增速而言，整体呈波动态势变化，历年的增长率变化不一。从往年的统计数据来看，2020 年的农险保费收入规模在 2019 年的基础上继续增长，这表明重庆市农业保险业务正在稳步发展。

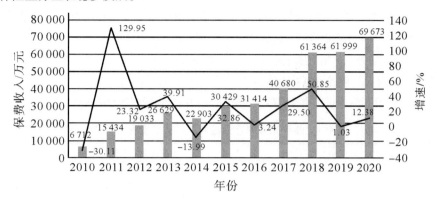

注："农业保险保费收入"见左纵坐标，"增速"见右纵坐标。

图 4-6 2010—2020 年重庆市农业保险保费收入及增速

4.3 重庆市乡村振兴战略实施中的金融服务需求现状

为制订金融服务重庆市乡村振兴的具体行动方案，需真实把握重庆市乡村振兴实施过程中的金融需求。因此，笔者于 2020 年 11—12 月对重庆市乡村振兴战略主要参与主体的金融服务需求信息进行问卷调查，具体情况如下：①调查区域：城口、云阳、万州、梁平、江津、石柱、武隆、永川、合川、巴南 10 个区（县）；②调查对象：专业大户、家庭农场、农民合作社、农业企业等新型农业经营主体；③调查内容：新型农业经营主体的资金需求、保险需求、贷款情况、融资状况及其影响因素，新型农业经营主体对乡村振兴政策的建议；④发放问卷数量：280 份问卷，回收 247 份，剔除无效问卷 31 份，共得到有效问卷 216 份，问卷有效率为 77.14%；⑤问卷调查的发放渠道：借助笔者原工作单位（重庆农村商业银行总行）的调研资源，通过重庆农村商业银行各支行定期开展的"金融知识进万家"普及活动，向调查对象发放纸质调查问卷。

4.3.1 乡村产业经营主体信贷需求状况

在 216 家有效样本中，有 187 家乡村产业经营组织有信贷需求，占样本总数的 86.57%；无信贷需求的乡村产业经营组织只有 29 家，占比达到 13.43%。可见，重庆市乡村产业经营主体普遍都有信贷需求。通过统计分析发现，重庆市乡村产业经营主体的信贷需求主要有以下几个特点：

是借贷需求金额较大。在187个有借贷需求样本中借贷规模期望值在500万元以上的有86家，占比达到45.83%。二是信贷需求期限以中长期为主。有借贷需求样本中具有1年期以上的贷款需求的合计149家，占比为79.70%。三是借贷需求以生产性用途为主。信贷资金用途主要集中在农产品加工、扩大种养殖规模、建造农业基础设施、购买农业机具和技术等用途，占比分别为25.13%、24.06%、23.53%和20.32%。重庆市乡村产业经营主体的信贷需求状况见表4-4。

表4-4　重庆市乡村产业经营主体的信贷需求状况

项目	选项	企业数/个	所占比例/%	累积比例/%
信贷资金需求	有	187	86.57	86.73
	无	29	13.43	100
借贷需求规模	50万元以下	31	16.67	16.67
	50万~100万元	26	13.89	30.56
	100万~500万元	44	23.61	54.17
	500万元以上	86	45.83	100
信贷需求期限	1年以下	38	20.30	20.30
	1~5年	88	47.08	67.38
	5年以上（不含5年）	61	32.62	100
资金用途	常规农业生产	22	11.76	11.76
	扩大种养殖规模	45	24.06	35.82
	购买农业机具和技术	38	20.32	56.15
	建造农业基础设施	44	23.53	79.67
	购买种养殖生产资料	19	10.16	89.83
	经营非农产业	8	4.28	94.11
	发展农家乐等生态旅游业	36	19.25	113.36
	农产品加工业	47	25.13	138.50
	农业社会化服务业	7	3.74	142.24
	农业环保治理	5	2.67	144.92
	人才培养和教育培训	16	8.56	153.47
	购房或建房支出	17	9.09	162.56
	医疗健康支出	11	5.88	168.44
	其他	5	2.67	171.12

数据来源：根据问卷调查得到的数据计算得出。

4.3.2 乡村产业经营主体保险需求状况

在 216 家有效样本中，有 179 家乡村产业经营组织有农业保险需求，占样本总数的 82.87%；无需求的产业经营组织只有 37 家，占比达到 17.13%。可见，重庆市乡村产业经营主体对农业保险需求较为普遍。通过统计分析发现，重庆市乡村产业经营主体的保险需求主要有以下特点：

一是保险需求种类集中于种养殖业保险和农村产品价格保险。在有保险需求的 179 家乡村产业经营组织中，具有种植业保险、养殖业保险和农产品价格保险需求的产业经营主体分别以 70.03%、39.77% 和 32.53% 的占比位居前三。二是农业保险供求缺口较大，供求矛盾较突出。在 216 家样本乡村产业经营主体中，有 48.19% 的乡村产业经营主体认为农业保险理赔率低、理赔程序烦琐；有 43.84% 的乡村产业经营主体认为农业保险品种少，无法满足需求。这在一定程度上反映出新型农业经营主体对农业保险的需求面较广，但由于理赔程序复杂、交易成本较高等问题，导致保险需求无法得到有效满足。重庆市乡村产业经营主体的保险需求状况见表 4-5。

表 4-5　重庆市乡村产业经营主体的保险需求状况

项目	选项	企业数/个	所占比例/%	累积比例/%
是否具有农业保险需求	有需求	179	82.87	82.87
	无需求	37	17.13	100
农业保险需求种类	农产品价格保险	58	32.53	32.53
	养殖业保险	71	39.77	72.30
	种植业保险	125	70.03	142.33
	农业信贷保险	49	27.38	169.71
	巨灾保险	35	19.51	189.22
	其他	27	15.20	204.42

表4-5(续)

项目	选项	企业数/个	所占比例/%	累积比例/%
农业保险存在的问题	农业保险保费定价过高	22	10.33	10.33
	农业保险理赔率低、理赔程序烦琐	104	48.19	58.52
	农业保险品种少，无法满足需求	95	43.84	102.36
	农业保险保费补贴较低	39	18.10	120.46
	农业保险宣传不足、保险知识缺乏	45	21.03	141.49
	农业保险与农村信贷结合不紧密	48	22.37	163.86
	农业保险合同太复杂	35	15.98	179.84
	农业巨灾保险缺失	31	14.35	194.19
	其他	11	5.11	199.30

4.3.3　乡村产业经营主体融资担保需求状况

在216家乡村产业经营主体中，有152家有农业融资担保需求，占比高达70.37%；没有农业融资担保需求的乡村产业经营主体只有64家，占比仅为29.63%，表明重庆市乡村产业经营主体对农业融资担保的需求较为普遍。通过统计分析发现，重庆市乡村产业经营主体的保险需求主要有以下特点：

一是对融资担保人的选择较为集中。在152家有融资担保需求的乡村产业经营主体中，选择重庆兴农担保集团担保的有52家，占比达到34.21%；选择重庆农业担保集团担保的有47家，占比为30.92%。可见，在没有抵押物的情况下农业经营主体主要通过农业担保公司进行担保融资。二是担保费率和担保抵押物要求高是造成农业融资担保供需矛盾的突出原因。对于农业融资担保存在的最主要问题，在152家有融资担保需求的乡村产业经营主体中，有44.20%的样本主体认为担保费率较高，增加了贷款成本；有36.49%的样本主体认为担保抵押物要求较高，难以获得贷款；有34.19%的样本主体认为担保人寻找困难是影响担保需求难以满足的主要因素。重庆市乡村产业经营主体的融资担保需求状况见表4-6。

表 4-6 重庆市乡村产业经营主体的融资担保需求状况

项目	选项	企业数/个	所占比例/%	累积比例/%
是否有融资担保需求	有需求	152	70.37	70.37
	无需求	64	29.63	100.00
寻找担保人类型	公务员担保	8	5.50	5.50
	亲戚朋友担保	31	20.28	25.78
	兴农担保集团担保	52	34.21	59.99
	农业担保集团担保	47	30.92	90.91
	其他	14	9.09	100.00
农业融资担保问题	担保费率较高	67	44.20	44.20
	担保人寻找困难	52	34.19	78.39
	担保人责任不明确	10	6.33	84.72
	担保抵押物要求较高	55	36.49	121.21
	农业融资担保的积极性不高	42	27.56	148.77

4.4 重庆市乡村振兴战略实施中的金融服务需求趋势分析

4.4.1 重庆市乡村振兴对信贷融资需求的趋势分析

调查发现，重庆市乡村产业经营主体具有广泛的生产经营信贷需求，包括购买农业生产资料、购买非人力农业要素、支付工资、支付运营销售费用等。从前面的统计数据可以看出，重庆市农业经营主体的信贷需求很大，但实际获得贷款的不多，原因在于缺乏标准的抵押资产。从未来的发展趋势来看，随着重庆市乡村产业经营主体数量的扩大和质量的提升，重庆市乡村产业经营主体对信贷资金的需求将呈现品种多样化、额度不断增长的趋势。2015—2020年重庆市涉农贷款余额总量及增长状况见表4-7。

表4-7 2015—2020年重庆市涉农贷款余额总量及增长状况

年份	涉农贷款余额/亿元	增长率/%
2015 年	4 377.2	11.1
2016 年	4 677.0	6.9
2017 年	5 071.3	8.3
2018 年	5 380.2	6.1
2019 年	5 758.0	7.7
2020 年	6 290.3	8.9

资料来源：重庆市金融办、人民银行重庆营业管理部资料。

（1）信贷需求在乡村产业经营主体培育期增长较快。由表4-7可知，全市涉农贷款余额呈逐年递增趋势。2015年重庆市涉农贷款余额4 377.2亿元，同比增长11.1%；2016年重庆市涉农贷款余额4 677亿元，同比增长6.9%；2017年重庆市涉农贷款余额5 071.3亿元，同比增长8.3%；2018年重庆市涉农贷款余额5 380.2亿元，同比增长6.1%；2019年重庆市涉农贷款余额5 758.0亿元，同比增长7.7%；2020年重庆市涉农贷款余额6 290.3亿元，同比增长8.9%，增速提升明显。可见，随着重庆市乡村产业经营主体培育进程的加速，重庆市乡村振兴对信贷融资需求将会持续保持增长。

（2）信贷需求在乡村振兴中后期将达到增长极限。随着乡村振兴的持续推进，一些乡村产业经营主体相继进入稳健经营周期，经营能力、市场竞争能力和可持续发展能力增强，其稳定的收益将成为银行的优质客户群，但是，由于受到土地的规模制约，乡村产业经营主体不会继续扩张，因而对银行贷款需求规模将达到极限。加之，一些产业经营主体发展壮大后，可能会采取并购重组的方式扩大规模经营，并且符合条件的企业会进入资本市场融资，因而对信贷融资的需求将会减弱。

4.4.2 重庆市乡村振兴对保险需求的趋势分析

农业保险作为一种市场化的风险转移和应对机制，是我国保护和支持农业发展的重要政策工具。农业发展过程中存在成本不确定性及季节性生产销售的特点，还同时受到养殖或种植技术、天气变化等不确定因素的影响，有着特定的自然风险和市场风险。无论是构建期还是成熟期，农业保险在农业发展中具有不可替代的作用。随着重庆市乡村振兴的持续推进，重庆市乡村产业经营主体对保险的需求将会持续增长。

（1）农业保险覆盖面稳步扩大、需求逐渐增加。目前农业保险业务已覆盖全市除渝中区以外的所有区（市、县），基本覆盖农、林、牧、渔各领域。无论是农户还是新型农业经营主体，对农业保险逐步开始接受，尽管在调查中众多新型农业经营主体认为，农业保险的品种较少，但重庆市人民政府也在积极配合农业保险的发展，已建立起了农业保险保费补贴，引进农业保险经营机构，以完善其引导信贷支持的辅助机制。

（2）农业保险产品不断创新，需求逐渐扩大。随着乡村振兴战略的实施，为顺应现代农业经营体系的保险需求，重庆市农业保险机构在部分区（市、县）相继推出了生猪价格保险试点、蔬菜价格保险试点、水产养殖保险、设施农业保险、农机保险、气象指数保险、水文指数保险试点，随着这些试点的逐步推广，重庆市农业保险需求将会得到持续增长。

4.4.3 重庆市乡村振兴对担保需求的趋势分析

目前我国多层次、全覆盖的全国农业信贷担保体系初步形成，财政部、农业部、银保监会大力推进全国农业信贷担保体系建设，推动各地完成省级农业信贷担保公司组建，并向下延伸分支机构、开展实质性运营阶段，制定出台了财政支持农业信贷担保体系建设的政策措施。在金融对乡村振兴的持续支持下，乡村产业经营主体融资担保需求趋势有以下几个方面的表现：

（1）融资担保在乡村产业经营主体培育期需求最大。在乡村振兴初期，大多数产业经营主体处于初创期和成长期，资金需求量大，但缺乏标准抵押资产，随着乡村产业经营主体培育数量的增长，对融资担保需求将呈现明显的增长态势。目前重庆市正在积极推进现代农业投融资体制机制的改革创新，稳妥推广土地经营权、农房、农业生物资产等农业资产的权属界定与抵押担保融资政策。金融机构也通过创新担保抵押融资方式为新型农业经营主体提供金融服务，金融监管部门针对新型农业经营主体差异化金融需求，拓宽抵押质押范围，为农业经营主体提供多样化融资方案。因此在抵押品界定不清晰难以获得银行信贷的发展初期，担保是实现增信的重要手段，在重庆市具有巨大的拓展潜力。

（2）融资担保在乡村产业经营主体发展成熟期逐渐削弱。在乡村振兴中后期，企业资产规模扩大，收益逐渐稳定，并成为银行的优质客户群，此时并不需要担保介入。同时，一些优质企业也可以通过上市融资解决资金问题，也会对融资担保需求减弱。可见，从长期来看，担保需求将会出现先增长后下降的态势。

4.5 重庆市乡村振兴战略实施中的金融支持现状

为制定金融服务重庆市乡村振兴的具体行动方案，还需要厘清金融支持重庆市乡村振兴的既有政策措施，金融支持品种、力度和效果等，以期对重庆市金融支持乡村振兴的现实状态有一个清晰的认识，为进一步问题分析提供实践依据。因此，笔者于 2020 年 11—12 月对重庆市主要的金融机构进行问卷调查，具体情况如下。①调查的区域。城口、云阳、万州、梁平、江津、石柱、武隆、永川、合川、巴南 10 个区（市、县）。②调查对象：重庆银行、重庆农村商业银行、重庆三峡银行、中国农业银行、中国农业发展银行、重庆兴农担保集团、重庆农业担保有限公司等金融机构。③调查内容：样本金融机构在乡村振兴背景下的金融服务意愿和实际实施情况。具体包括：提供金融服务的参考标准、重点支持领域、金融服务方式、贷款形式与审核标准、接受的抵押物、信贷回收率、保险费率、承保对象、保险种类与金额、保险佣金、担保融资中的主要困难等。④发放问卷数量：共发放 100 份问卷，回收 100 份，剔除无效问卷 7 份，共得到有效问卷 93 份，问卷有效率为 93%。⑤问卷调查的发放渠道：借助笔者原工作单位（重庆农村商业银行总行）以及重庆金融学会理事的调研资源，向调查区域内的相关农村金融机构发放纸质调查问卷。

4.5.1 重庆市乡村振兴的金融支持政策

实施乡村振兴战略，是党的十九大作出的重大决策部署，而如何落实到"金融如何支持重庆市乡村振兴"，就需要根据中共重庆市委〔2018〕1 号文件《重庆市实施乡村振兴战略行动计划》制定实施办法。计划指出，要明确在多方面全面提高金融服务水平。同期人民银行重庆营业管理部印发了《关于金融服务乡村振兴战略的实施意见》，意见明确了金融服务重庆市乡村振兴的重点领域和方向，提出金融服务乡村振兴重点要聚焦城乡融合发展。

4.5.1.1 重庆乡村振兴中的信贷政策

为了丰富涉农信贷增信方式和手段，涉农金融机构要抓住党的十九大报告提出第二轮土地承包到期后再延长 30 年的政策机遇，针对土地规模化经营带动新型农业经营主体将大量涌现的情况，对涉农信贷期限长、额度高的需求，探索发放农村土地经营权和农房抵押贷款。总体来看，目前重庆市在推进乡村振兴战略的信贷政策实践中，仍表现出从市级到人民银行区（市、县）中心支行再到金融机构各层次的探索性。

（1）市级层面的乡村振兴信贷政策探索。

第一，重庆市委市政府在《重庆市实施乡村振兴战略行动计划》（渝委发〔2018〕1号）中提出了对农村金融服务网点完善和优化的目标，要求基本实现农村基础金融服务行政村全覆盖，加强农村产权抵押融资信息系统建设。

第二，2018年9月人民银行重庆营业管理部联合11个部门①印发了《关于金融服务乡村振兴战略的实施意见》，提出开展金融助推农业科技提升行动，创新推出农业专利技术、农产品商标权等抵质押融资服务。

（2）人民银行区（市、县）中心支行的乡村振兴信贷政策探索。

第一，中国人民银行长寿中心支行的乡村振兴信贷政策探索。2018年，中国人民银行长寿中心支行制订了《长寿区金融业支持乡村振兴战略行动计划实施方案》，方案提出要建立金融资本服务乡村振兴的机制。中心支行要加强窗口指导，将乡村振兴纳入投放倾斜类，通过季度信贷形势分析会、银企对接会等，引导银行金融机构切实加大对涉农领域的信贷投放力度，并将工作成效适度在综合评价和信贷导向效果评估等工作中体现；充分发挥央行资金的撬动作用，扩大使用支农支小再贷款发放涉农贷款的投放力度；加强部门横向联动与调研，推进农业保险、财政奖补等政策支持力度。

第二，中国人民银行万州中心支行的乡村振兴信贷政策探索。中国人民银行万州中心支行在"创新金融支持乡村发展模式，服务乡村振兴战略"中提出，支持农村"三变"改革，推动开展清产核资及成员量化确权确股；推进"两权"抵押贷款试点，在探索抵押物市场化法治化处置上取得突破，同时创新开发多种贴合农村实际的差异化信贷产品，开展金融服务乡村振兴示范典型创建活动；建立金融服务乡村振兴统计指标体系，为振兴乡村提供决策参考。

第三，中国人民银行涪陵中心支行的乡村振兴信贷政策探索。中国人民银行涪陵中心支行在"创新建立乡村产业振兴特色融资服务"中，一是在以服务创新方面，提出了扩大农村信用信息采集覆盖面，完善农村信用信息基础数据库，创新开展信用乡镇、信用村、信用户三级联创，对信用村实行整村推进、集中授信，信用户实现分级授信，有效解决银行与农户之间的信息不对称问题。二是在产品创新方面，积极运用央行再贷款货币政策工具，指导试点承包银行——武隆融兴村镇银行创新推出"乡村振兴贷"专项信贷产品，同时

---

① 包括重庆市财政局、重庆市农委、重庆市商务委、重庆市环保局、重庆市文化委、重庆市扶贫办、重庆市金融办等11部门。

指导辖区内银行机构结合各自职能定位和业务范围，采取"一行一品"的方式开发有益于乡村产业振兴的信贷产品，丰富"三农"金融供给，提升涉农实体经济金融服务质效。

第四，中国人民银行武隆支行的乡村振兴信贷政策探索。中国人民银行武隆支行制定的《武隆区金融支持乡村振兴方案（2018—2020年）》明确提出了"强化货币信贷政策引导，加大乡村振兴信贷供给"。方案规定各银行业金融机构要认真落实国家宏观信贷政策指引，充分发挥货币信贷政策支持优势，优化金融资源配置，加大对乡村振兴的金融资源倾斜力度，优先保障"三农"、小微企业等重点领域信贷规模配置，优先向服务乡村振兴战略项目倾斜。方案要求大力发展普惠金融、绿色金融，扩大普惠金融、绿色金融供给，实现对乡村振兴主要领域的信贷政策全覆盖。

（3）金融机构的乡村振兴信贷服务创新探索。

这里以重庆银行为例，《重庆银行推进金融扶贫与乡村振兴战略的实施意见》将重庆银行的发展与乡村振兴战略有效结合，并确定了重庆银行的具体目标：2018—2020年为乡村振兴战略提供不低于300亿元的融资。其中，2018年提供融资金额不低于56亿元，2019年提供融资金额不低于72.5亿元，2020年提供融资不低于171.5亿元。

同时，重庆银行围绕《万州区落实乡村振兴战略行动计划实施方案》，要求在2018—2021年，重庆银行、重庆兴农担保集团共同在万州区发放总额30亿元贷款意向性授信额度，并保证在融资额度、贷款条件、审批流程以及信贷规模安排等方面给予重点倾斜，在政策许可的前提下给予优惠的利率或费率。

4.5.1.2 重庆乡村振兴中的担保政策

农业信贷担保体系的建立，对涉农信贷机构开展涉农信贷业务提供了分担风险的渠道，对扩大涉农贷款的覆盖面是一种积极的鼓励，会让更多的农业生产经营主体获得更多的信贷服务。在探索开展农村承包土地经营权抵押贷款、农民住房财产权抵押贷款、大型农机具融资租赁试点，积极发展林权抵押贷款的过程中，也需要发挥政策性农业信贷担保机构的积极作用。为此，重庆市委市政府在《重庆市实施乡村振兴战略行动计划》中指出，支持发展农村产权评估、颁证、交易等涉农中介服务，完善政策性农业信贷担保体系和机制，撬动金融和社会资本更多投向农业农村，到2020年政策性农业担保贷款金额达到300亿元。

同时，重庆市金融办也积极引导全市融资担保行业助力乡村振兴战略。首先是支持以重庆兴农担保集团、重庆市农业担保公司为主体，建立起覆盖全市的农业信贷担保体系，截至 2019 年年底，全市涉农融资担保在保余额为 185.3 亿元，位居全国第五位；其次是创新支农融资担保模式，通过农业产业链金融服务、"担保+投资"、与 29 个区（市、县）政府共建农业信贷担保风险保证金等模式，为新型农业经营主体、农业龙头企业等提供融资担保支持；最后是降低"三农"融资成本，争取通过财政补贴等形式为"三农"融资降低成本约 1.6 亿元。

从担保支持效果来看，截至 2019 年年底，重庆市农业担保有限公司已累计为 12 739 个新型农业经营主体提供担保贷款 146.2 亿元，涉及 800 多个农业乡镇、6 400 多个村社，农业普惠金融有力地支持了乡村振兴。

4.5.1.3 重庆乡村振兴中的保险政策

农业保险在乡村振兴中是必不可少的金融服务品种，是加强乡村振兴风险管理的有效形式，通过保农业生产成本、保价格、保产量、保收益，可以有效降低乡村产业经营主体和信贷金融机构的风险。为此，重庆市积极探索乡村农业保险服务政策创新。2017 年以来，重庆市农业保险服务加速发展，有效推动了乡村振兴计划的实施。重庆市建立了以"保生产成本"为主的政策性农业保险体系，扩大了以"保价格、保产量"为主的农产品收益保险试点，稳步拓展了无抵押无担保的保险支农融资试点，充分探索开展了服务于农村土地制度改革的土地流转租金履约保证保险，促进了农村土地适度规模化经营。

从区（市、县）来看，重庆市綦江区人民政府提出了"区金融办强化金融创新，助推乡村振兴"，推广政策性保险，开展农村种养殖业等 13 个涉农保险品种，并实行清单管理，年保障金额近 50 亿元；人民银行涪陵中心支行在"创新建立乡村产业振兴特色融资服务"中做到推动辖区保险机构推出"银行+农户+保险"业务产品，推广特色农业保险、土地收益保险、保险直投试点和农产品收益保证保险增量扩面，培育支持乡村产业振兴的金融新动能。

4.5.1.4 重庆乡村振兴中金融支持的财税引导政策

制定乡村振兴普惠金融业务发展规划，加强财税、金融、投资政策的协调配合，建立健全以激励为导向的普惠金融政策体系，是重庆市乡村振兴中财政金融配合的重要特点。

重庆市委市政府在《重庆市实施乡村振兴战略行动计划》中指出，推动落实货币政策和财政政策协调联动，引导政策性金融、开发性金融、商业性金融、合作性金融等创新金融服务，把更多金融资源配置到农村经济社会发展的重点领域和薄弱环节，确保涉农贷款稳定持续增长。

中国人民银行涪陵中心支行在"创新建立乡村产业振兴特色融资服务"

中提出加强货币、财政政策联动机制。为引导推动金融机构加大金融服务乡村振兴战略力度，中国人民银行涪陵中心支行除创新运用"央行再贷款+"特色融资模式外，还推动辖区武隆区政府设立 4 000 万元的乡村振兴风险补偿基金，并对新设银行营业网点实行一次性财政补贴 50 万元。

4.5.2 金融支持重庆市乡村振兴的现有措施和力度考察

4.5.2.1 部分金融机构成立专门的乡村振兴服务部门

自 2018 年 9 月中国人民银行重庆营业管理部联合 11 个部门印发了《关于金融服务乡村振兴战略的实施意见》以来，金融支持重庆乡村振兴工作得到了有效开展，对盘活农村资产缓解融资约束、促进农业增效和农民增收、分散农业相关风险发挥了积极作用，有力地推动了农业现代化发展，不论从乡村特色产业发展，或是基础设施建设，还是美丽乡村环境建设等各方面都起到了一定的正面促进作用。

笔者对全市各区（市、县）的金融机构调查发现，在调查的 93 家样本金融机构中，目前未打算成立专门服务乡村振兴的部门的金融机构仅有 33 家，占比 35.5%，有 64.5% 的金融机构积极响应政策号召，筹备建立或已成立了专门服务乡村振兴的金融服务部门，其中有超过六成机构的相关部门（"乡村振兴领导小组""三农事业部""小微部"）已经开始运作并推出相应的支持农业农村的金融产品，如"农贷宝""农户贷""助农贷""乡村振兴贷款"等。尽管绝大部分涉农金融机构都推出了与乡村振兴相关的金融服务产品，但是服务对象大多是龙头企业和专业大户，愿意向普通农户或村集体经济组织发放贷款的涉农金融机构仅占总数的两成，中小型农户的贷款需求无法得到满足，资金缺口仍然存在，因此 83% 的机构认为目前市面上推出的金融产品仍然无法满足农业农村的金融服务需求。

4.5.2.2 金融支持重庆乡村特色产业发展现状

在《重庆实施乡村振兴战略行动计划》中，产业兴旺最重要的实施路径便是培育壮大优势特色产业，创建特色农产品优势区，加强推进品牌强农。农村想要将生态优势、资源优势转换成产业优势、经济优势，就必须因地制宜开发出一套适合当地的特色产业和品牌，结合重庆市"大农村、大山区、大库区"的特点，主攻山上经济、林下经济、水中经济，加强柑橘、榨菜、土豆、茶叶、中药材、生态渔业等特色农业品种、品牌、品质的建设维护，按照市场需求，充分发挥本地资源优势，将"一村一品"向全市推广。同时，大力支持绿色农业、休闲观光农业、农村电商等新产业新业态发展，加大"十亿级"

产业链园区建设和地方特色产业的金融支持力度，实现农产品加工的高端化，促进农业增收。

而在特色产业与特色品牌的建设推广过程当中，资金、土地、劳动力、技术、制度和管理是不可或缺的五大要素。其中真正起先导性、决定性的要素是资金要素，在资金的持续推动作用之下，其他要素才能从"潜在状态"转化为农业农村特色产业发展所需要的"现实"生产要素，从而进一步发展产业。中国人民银行重庆营业管理部积极通过再贷款、再贴现等各种货币政策工具，引导金融机构加大乡村振兴投入。中国人民银行重庆营业管理部、中国人民银行万州中心支行和中国人民银行巫溪县支行、中国人民银行城口县支行共同推动的茶叶和香菇产业项目进展顺利，初见成效。涪陵、丰都、石柱等地金融机构均加大对于当地特色产业扶持力度，加大对龙头企业产业链、供应链的信贷投放，提高金融服务效率和水平。从回收的问卷中也能分析总结出超过半数的金融机构重点支持的乡村振兴领域涉及特色产业的开发与三产融合，致力于深化农业功能，农旅以及产销一体化有利于延伸农业产业链，把部分产业打造成有影响力且可持续的特色农业产业品牌。

4.5.2.3　金融支持重庆乡村基础建设投资领域现状

在乡村振兴战略实施过程中，一个重要的支撑点就是乡村基础设施的建设，持续改善农村人居环境，不仅是村民生存和发展的基本要求，提高农村基础设施还可以拉动劳动密集型产业发展、增加农民就业和收入，同时拉动内需，消化国内制造业的过剩产能。此外，农村基础设施建设对中国农业有显著的生产带动效应，能够促进农业产业化。从经济方面或政治方面的成本收益考察，投资效益非常高的农村基础设施建设都是合算的。目前重庆市正大力解决水电、通信和环保等基础设施建设"最后一公里"问题，确保基本公共服务能够覆盖到每一户。武隆区也明确提出大力支持城乡基础设施融合发展，重点加大对骨干水利项目、农田水利工程等农业基础设施建设的金融支持力度。学界现有文献表明，农田水利基础设施建设对粮食全要素生产率有显著的正向影响，而尽管农村交通基础设施建设对于当期粮食全要素生产率没有显著影响，但对粮食全要素生产率存在显著正向影响。

从笔者收集到的调查数据可以发现，超过80%的金融机构认为加大对农村基础设施建设的投资，满足基础设施建设的资金缺口是金融服务乡村振兴的主要着力点，47%的机构已经开展关于支持乡村基础设施建设相关的金融服务，中国农业发展银行石柱支行将获批的1.06亿元专项贷款用于中益乡农村公路建设，九龙坡区政府通过"政银合作"项目与重庆农村商业银行签订了九龙坡乡村振兴战略合作协议，三年内拟向九龙坡区放贷 200 亿元，重点支持棚户区改造、乡村休闲旅游等涉及农村基础设施建设重点项目。重庆银行也计划 3 年内提供不低于 300 亿元的融资，围绕产业发展，重点支持基础设施、农业高标准农田建设、产业融合发展示范园等项目，通过农保贷、助农贷、农户诚信贷等金融产品，对农业经济进行支持，探索政银担、政银保、"两权"抵押贷款、银行+风险补偿金、银行+企业+农户+保险等业务模式，提升金融支持的广度和深度，为精准落实乡村振兴注入了源头活水。

4.5.2.4　金融支持重庆美丽乡村建设领域现状

近年来，我国新农村建设取得了令人瞩目的成绩，但总体而言广大农村地区基础设施依然薄弱，部分人居环境"脏乱差"现象仍然突出。而乡村振兴致力构建生态宜居的美丽乡村，为了推进生态人居、生态环境、生态经济和生态文化建设，创建宜居、宜业、宜游的"美丽乡村"。2017 年年底举行的中央农村工作会议也提出，建设生态宜居的美丽乡村，就是要全面提升农村环境、产业、文化、管理、服务，实现净化、绿化、美化、亮化、文化，将农村打造成为人与自然、人与人和谐共生的美丽家园。在美丽乡村建设过程中，既要美化农村环境，又要完善农村基础设施和提高公共服务水平，而现阶段美丽乡村建设还处在刚刚起步的阶段，仍然存在着资金短缺、建设缓慢的问题，农村垃圾污水处理等部分便民基础设施建设和运行管护相对滞后，个别区域环境卫生状况出现反弹等问题。

笔者在调查中发现，超过 80%的金融机构认为乡村振兴的主要发展重心应当落在农村美丽乡村建设上，只有将农村打造成适宜居住、环境舒适、交通便捷的新农村，改善农村人居环境和乡村旅游建设，才能够吸引进城务工人员返乡创业、推动城市资本下乡，才能进一步推动农业产业发展，真正实现乡村振兴。

而现阶段重庆市在金融支持美丽乡村建设中主要聚焦生态宜居，完善和提升乡村绿色金融服务，强化金融助推农村人居环境改善，加大农业污染治理的金融支持，积极推进乡村绿色金融服务创新。在注重美化环境的同时也要聚焦乡风文明，提升农民整体思想素质，完善和提升乡村文化金融服务，加大乡村优秀传统文化发展金融支持，强化信用建设与乡村文明建设有机结合。重庆三峡银行成立了支持"美丽乡村建设"与"三农"发展金融服务小组，探索"银行+担保+园区+农企"的涉农融资模式，优化"富农贷"产品。中国农业银行重庆市分行出台金融支持"美丽乡村"建设行动具体实施方案，创新农村专属金融产品，适应"美丽乡村"建设需求，同时在担保方式上创新，修订完善农户贷款"三权"抵押贷款办法，出台专门为农户贷款和小微企业提供担保的融资性担保公司准入规则，探索创新农机、大宗农产品抵质押等多种担保方式，进一步缓解农户的担保难题。

4.5.3　金融支持重庆市乡村振兴的现状效果分析

4.5.3.1　金融支持特色产业发展效果

在金融机构积极对接农产品深加工、农村商贸流通、特色农业发展的实际需求的基础上，重庆市各大金融机构重点加大了对产业化龙头企业、乡村专业合作社、乡村旅游经营户等乡村产业经营主体的金融支持力度，进一步提升了农业产业链、供应链的金融服务效率和水平。目前重庆市正在大力建设七大特色农业产业链，促进农业转型升级，见表4-8。

表4-8　重庆推进的七大特色农业产业链建设计划

特色产业	涉及区县
柑橘产业链	以三峡库区为重点，建设万州、忠县、开州、云阳、奉节、巫山、渝北、长寿、涪陵、江津十大柑橘产业基地，梁平、长寿、丰都、垫江四大名柚基地
榨菜产业链	涪陵区、万州区、丰都县等三峡库区区县为重点
草食牲畜产业链	丰都、石柱、梁平等14个肉牛重点生产区县，酉阳、云阳、巫溪等12个肉羊重点生产区县，忠县、石柱、开州等18个肉兔重点生产区县
生态渔业产业链	以渝东北和渝东南为重点
中药材产业链	秦巴山区和武陵山区中药材资源
茶叶产业链	永川、秀山、南川3个核心示范区，荣昌、万州、巴南、江津、酉阳5个重点生产区县
调味品产业链	石柱县、綦江区、云阳县、荣昌区、万州区、巫山县、万州区11个区县

农行涪陵分行围绕特色效益农业产业体系建设，重点支持打造涪陵榨菜、中药材两个百亿级全产业链。丰都县金融机构加大对肉牛产业链的信贷投放，授信5亿元，带动31个股份合作社、700余户家庭牧场、5万多农户生态养牛，基本形成了集牧草种植、肉牛养殖、饲料生产、精细加工、科技研发为一体的全产业链，推动了丰都牛肉产业的一二三产业融合发展。在金融服务的大力支持助推下，丰都县肉牛养殖规模、屠宰加工量、科技水平等多项指标位列全国或全市前列，全县肉牛饲养量达33万头，良种覆盖率达80%以上，已建

成国家肉牛产业技术体系综合试验站和肉牛电子交易结算中心，启动建设肉牛良种繁育场、博士后工作站、牛文化广场和牛博物馆，研发、加工、结算"三中心"效用逐步放大。

石柱土家族自治县金融机构为石柱特色农业产业融合发展开辟绿色通道，以基准利率提供贷款，已支持石柱莼菜、中蜂蜂蜜、辣椒产业、黄水人家休闲旅游等特色产业的融合发展，提升了农业生产水平和经济价值。重庆银行向中益乡捐赠党费帮扶资金17.6万元，专项用于中益乡华溪村新建中蜂产业养殖项目，直接带动88户农户致富；石柱中银富登村镇银行运用央行再贷款，结合中益乡发展山地现代特色效益产业需求，支持重庆泰尔森中药材种植公司与农户签订瓜蒌、蒲公英、玄参等中药材种植协议，带动174户农户增收。

中国农业银行重庆分行也对长江三峡柑橘产业带、花卉、畜禽等"美丽乡村"建设领域优势农业生产基地建设提供金融支持，探索建立差异化信贷政策和业务授权；优化信贷业务流程，根据信贷管理水平，适度提高示范村所在地机构审批权限，扩大业务开办范围；探索限时办结制，提高审批效率和服务质量。同时，重庆市强化品牌效应，大力支持三峡库区蔬菜加工产业带；提高产业附加值，大力促进中药材加工提炼产业发展。积极支持农产品流通合作经济组织扩大经营规模，促进农产品和农资流通从"以街代市"向集中专业批发转型；支持订单农业生产，通过"公司+农户""公司+合作社+农户""专业市场（超市）+农户"等方式，积极支持产业链上下游的种养、流通大户，发挥致富带头人作用，带动村民致富。

4.5.3.2　金融支持乡村基础设施建设效果。

（1）全市层面的支持效果。

从全市来看，金融支持乡村基础设施建设取得了明显的进展。统计数据显示，在财政和金融的联合支持下，截至2019年年底，重庆市已累计建成村社便道1.75万千米，行政村通客车率93.8%，自来水受益村7 325个，通有线电视村7 376个，通宽带村7 646个，近3年改造农村危房25.3万户。在农村环境整治方面，各区（市、县）大力进行农村环境整治，累计完成农村环境连片整治2 100个村，在畜禽养殖场禁养区关闭或搬迁841家养殖企业，治理养殖污染69.04万头生猪当量。目前，重庆市沼气工程累计达到4 824处、农村户用沼气160万户。目前全市累计建成基层综合文化站1 025个、村文化室8 220个，广电综合覆盖率达100%。

（2）样本区县层面的支持效果。

黔江区印发《渝东南少数民族地区信贷投向指引》，突出以金融支持渝东南少数民族地区农业现代化、基础设施、生态发展、产业转型升级、文化旅游业为主线，加强信贷政策指导，引导银行机构加大信贷支持力度。2020年10月底，黔江区涉农、旅游、科技贷款余额分别达512.51亿元、38.45亿元、59.44亿元，同比分别增长8.13%、7.94%、1.29%。为了提升村庄建设水平、以塑造村庄特色和带动产业发展为重点，黔江区明确建设标准、资金补助、实施范围等内容。

九龙坡区创新实施了乡村振兴举措"五十百"工程，计划用3年时间，在5个镇开展综合试验示范建设，建设10个乡村振兴示范村，其中"特色示范村"5个；提档升级约100个村，带动全区乡村全面振兴。而随着乡村振兴战略的深入实施，九龙坡区推进城乡宽带网络光纤到户，目前行政村光纤覆盖率已达96%，"益农信息社"建设有序启动；农村天然气新装1 206户；"厕所革命"全面启动，目前已经完成改厕任务14 240户；农业公园正在抓紧编制规划；计划三年建成"四好农村路"，首期建设85.7千米，目前已完工4.6千米，在建23.3千米，即将动工57.8千米；已建成村社便道75千米；走马镇、陶石片区、西彭镇等高标准农田建设项目顺利推进。

合川区运用新型基础设施建设投资模式，建立完善PPP（政府和社会资本合作）项目储备库，区内渭沱组团污水处理厂、石庙子水库、渠江提水工程等11个项目已签约或基本确定投资人，涉及项目投资168亿元。同时正在推进的PPP项目40个，总投资404亿元。

4.5.3.3　美丽乡村建设效果

重庆市自2013年启动美丽乡村建设以来，在金融服务助力之下基础设施不断完善，农村面貌发生了明显变化。累计建成村社便道1.75万千米，为原建设计划的145.4%，提前4年实现行政村100%畅通目标，行政村通客车率93.8%。近3年，重庆市改造农村危房25.3万户。同时，针对武陵山区、秦巴山区高山林立，喀斯特地貌分布较广，自然条件恶劣的状况，从2013年起，重庆市启动实施了50万人的搬迁计划，累计搬迁安置54.17万人。在加强环境整治方面，重庆市累计完成农村环境连片整治2 100个村，重点治理柴草乱放、垃圾乱丢、乱搭乱建等突出问题。重庆市先后建成农村清洁工程部市级示范村120个、区县级示范村450个。在丰富文化生活方面，目前重庆市累计建成基层综合文化站1 025个、村文化室8 220个，广电综合覆盖率达到100%，农村精神文明建设得到有效推进。

在美丽乡村建设上，金融服务重点支持农村居民适度集中居住的新型社区建设，改善农村面貌。在重庆大足石刻、黑山谷等著名景区周边，支持依靠当地丰富的旅游资源，发展农家乐和家庭旅馆，完善景区食宿配套。在城市近郊，支持打造农耕体验型和生态观光型旅游精品，提升乡村休闲旅游品质。目前，重庆市已经重点开发打造13个中国特色小镇，这些特色小镇主要有实力特色镇、宜居型特色镇、魅力型特色镇、新型特色镇，观光菜圃、有机果园、生态茶坞、浪漫花田、观光牧场、休闲渔场等多个方面的打造都是特色小镇未来建设中的重点内容。

5 农村金融支持乡村振兴的效率评价

本章构建农村金融服务和乡村振兴战略的衡量指标体系，运用因子法评价近年来重庆市农村金融和乡村振兴的发展状况，并协整检验农村金融发展与乡村振兴的长期均衡关系，以此验证农村金融支持乡村振兴影响效应。此外，本章还基于全国省级层面的宏观统计数据，采用数据包络法（DEA）评价农村金融支持乡村振兴的空间差异化效率，以此评价重庆市农村金融支持乡村振兴在国内所处的效率水平。

5.1 重庆市农村金融支持乡村振兴的影响效应

5.1.1 重庆市农村金融服务评价

5.1.1.1 评价指标体系

著者在参考现存文献的基础上，结合数据的可得性，从农村信贷、农村保险两个维度来构建衡量重庆市金融服务水平的指标体系。在农村信贷方面，著者选取本外币涉农信贷余额、农村金融机构网点数、农村金融机构从业人员 3 个指标（席建成 等，2011；王颂吉 等，2018）[1][2]。在农村保险方面，著者选取农业保险保费收入、农业保险赔付支出 2 个指标（郭刚 等，2012；谢婷婷 等，2019）[3][4]。重庆市农村金融服务评价指标见表 5-1。

---

[1] 席建成，茹少峰. 陕西省农村信用社改革绩效评价：基于陕西省 8 个县农村信用社的实地调查 [J]. 西北农林科技大学学报（社会科学版），2011，11（2）：37-43.

[2] 王颂吉，李豫，庹梦瑶. 改革 40 年背景下的农村信用社"支农"效率评价：基于关联型网络 DEA 方法的测算与分析 [J]. 金融发展研究，2018（12）：69-76.

[3] 郭刚，王雄. 中部区域农村金融对农村经济发展的支持：基于 2002~2011 年面板数据实证分析 [J]. 系统工程，2012，30（10）：86-91.

[4] 谢婷婷，高丽丽，张晓丽. 绿色金融改革创新试验区绿色金融发展效率及影响因素研究：基于 DEA-Tobit 模型的分析 [J]. 新疆农垦经济，2019（12）：64-72.

表 5-1　重庆市农村金融服务评价指标体系

一级指标	二级指标	符号	含义
农村信贷	涉农贷款	loan	本外币涉农贷款余额
	营业网点	ins	小型（新型）农村金融机构网点数
	从业人员	staff	小型（新型）农村金融机构从业人员
农村保险	保险收入	income	农业保险保费收入
	保险赔付	payout	农业保险赔付支出

5.1.1.2　数据情况说明

在数据来源方面，本外币涉农贷款余额、农村金融机构网点数、农村金融机构从业人员数据均来自 Wind（万得）数据库；农业保险保费收入、农业保险赔付支出数据均来自《中国保险年鉴》。在样本方面，鉴于数据来源的可得性，著者选取 2005—2020 年共计 16 年的数据作为研究样本。样本数据描述性统计结果见表 5-2。

表 5-2　样本数据描述性统计结果

变量	样本量	均值	最小值	最大值
本外币涉农贷款余额/亿元	16	2 793.76	654.53	5 380.2
农村金融机构网点数/个	16	1 785.21	1 584	2 091
农村金融机构从业人员/人	16	14 551.14	11 360	16 767
农村保险保费收入/百万元	16	196.35	8.38	618
农村保险赔付支出/百万元	16	126.80	1.07	392.12

5.1.1.3　因子分析

由于重庆市农村金融服务评价的指标体系涵盖 5 个二级指标，这些指标之间存在很强的相关关系或者变量之间存在很强的信息重叠。如果直接将这些指标纳入下文的计量经济分析，一方面会对数据样本量提出更高的要求，另一方面还会出现一些模型应用的错误。因此，在采用因子分析法在不损失大量信息的前提下，著者利用较少的独立变量来替代原来的变量进行下一步的分析。

著者采用主因子法对重庆市农村金融服务评价指标体系进行因子分析。经旋转后的因子分析结果见表 5-3。由表 5-3 可知，有 16 个数据参与了分析，提取的因子共有 4 个，模型的 LR 检验卡方值为 100.67，P 值为 0.000 0，说明模型非常显著。根据因子方差的累计贡献率大于 80% 的原则，著者选取因子 1

和因子 2 来衡量重庆市农村金融服务水平，前两个因子的累计方差贡献率达
到 94.75%。

表 5-3　经旋转后的因子分析结果

因子	方差	差异性	贡献率	累积值
因子 1	2.705 3	1.532 1	0.660 9	0.660 9
因子 2	1.173 2	0.938 6	0.286 6	0.947 5
因子 3	0.234 6	0.233 3	0.057 3	1.004 9
因子 4	0.001 3	—	0.000 3	1.005 2

注："—"表示数据缺失。

　　图 5-1 展示的是旋转后的因子载荷图。由图 5-1 可知，因子 1 主要解释的
是涉农贷款余额（loan）、农业保险保费收入（income）和农业保险赔付支出
（payout）这 3 个变量的信息，因子 2 则主要解释农村金融机构从业人员
（staff）的信息。

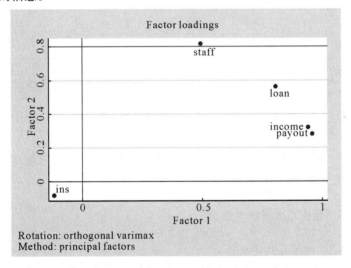

图 5-1　旋转后的因子载荷图

　　各样本的因子得分情况见表 5-4。以旋转后的前两个因子的方差贡献率作
为权重，对主要因子得分进行加权评价值（因子 1 得分权重为 0.698，因子 2
的得分权重为 0.302），从而得到重庆市历年金融服务评价的综合得分。总体
而言，2005—2020 年，重庆市农村金融服务综合得分呈逐年上升趋势。

表 5-4 各样本因子得分情况

年份	因子1得分	因子2得分	综合得分
2005 年	-0.9	-0.6	-0.8
2006 年	-0.9	-0.8	-0.8
2007 年	-1.0	-1.0	-1.0
2008 年	-0.4	-1.0	-0.6
2009 年	0.2	-1.6	-0.3
2010 年	-0.7	0.1	-0.4
2011 年	-0.7	0.8	-0.3
2012 年	-0.4	0.8	0.0
2013 年	0.3	0.4	0.4
2014 年	-0.1	1.2	0.3
2015 年	0.2	1.3	0.5
2016 年	0.5	1.0	0.6
2017 年	1.1	0.5	0.9
2018 年	2.7	-0.9	1.6
2019 年	3.9	-0.9	2.5
2020 年	6.1	-0.6	4.1

最后，KMO 检验表明，各变量的 KMO 值均在 0.6 以上，表明样本比较适合因子分析，模型的构建具有意义。

5.1.2 重庆市乡村振兴评价

5.1.2.1 评价指标体系

乡村振兴战略涵盖"产业兴旺、生态宜居、乡风文明、治理有效、生活富裕"五个维度。著者通过文献回顾发现：当前对乡村振兴战略"五位一体"目标中的产业兴旺和生活富裕两个层面的研究较为丰富，相应的指标体系设计较为一致且相关数据较易获取；然而，乡村振兴战略中"治理有效""生态宜居""乡风文明"这三个层面的衡量指标设计还存在较大的不一致性与争议性，更为棘手的问题是相关数据的获取存在较大难度。另外，《中共中央 国务院关于实施乡村振兴战略的意见》指出，产业兴旺是乡村振兴的重点，生活富裕是乡村振兴的根本。因此，结合相关文献的做法（曾之明，2019；谢婷婷 等，2019；耿光颖 等，2019）与数据可得性，本书侧重从产业兴旺和生活富裕两个维度来设计重庆乡村振兴的评价指标体系①②③。具体而言，产业兴旺方面，本书选取农林牧渔总产值、农产品加工业产值/农业总产值、休闲农业与乡村旅游接待人次 3 个二级指标；生活富裕方面，本书选取农村居民人均可支配收入、城镇居民人均可支配收入与农村居民人均可支配收入比、农村居民人均生活性消费性支出 3 个二级指标。重庆市乡村振兴评价指标见表 5-5：

表 5-5 重庆乡村振兴评价指标体系

一级指标	二级指标	符号	含义
产业兴旺	农林牧渔总产值	output	衡量乡村第一产业发展情况
	农产品加工业产值/农业总产值	ratio	衡量乡村第二产业发展情况
	休闲农业与乡村旅游接待人次	tour	衡量乡村第三产业发展情况
生活富裕	农村居民人均可支配收入	pcdi	反映农民收入水平
	城镇居民人均可支配收入/农村居民人均可支配收入	incgap	反映城乡收入差距水平
	农村居民人均生活性消费支出	consu	反映农民消费水平

5.1.2.2 数据情况说明

在数据来源方面，农产品加工业产值与农业总产值之比来自 Wind 数据库；休闲农业与乡村旅游接待人次来自重庆市文化旅游局官网；农林牧渔总产值、城镇居民人均可支配收入与农村居民人均可支配收入比、农村居民人均生活性消费支出等数据均来自《重庆统计年鉴》。在样本方面，鉴于数据来源的可得性，本书选取 2005—2020 年共计 16 年的数据作为研究样本。样本数据的描述性统计结果见表 5-6：

---

① 曾之明. 普惠金融支持乡村振兴战略效应测度研究 [J]. 商学研究，2019，26（6）：71-79.

② 谢婷婷，张慧伟，孙卫青. 金融支持新疆乡村振兴的实证研究：基于系统耦合视角 [J]. 新疆农垦经济，2019（10）：1-9.

③ 耿光颖，江锡国，石峰，等. 金融支持乡村振兴效果评价指标体系研究 [J]. 金融纵横，2019（11）：55-63.

表 5-6　样本数据描述性统计结果

变量	样本量	均值	最小值	最大值
农林牧渔总产值/亿元	16	1 251.32	575.24	2 052.41
农产品加工业产值/农业总产值	16	1.13	0.5	1.57
休闲农业与乡村旅游接待人次/亿人	16	0.77	0.16	2
农村居民人均可支配收入/元	16	5 899.14	2 809.3	13 781
城镇居民人均可支配收入/农村居民人均可支配收入	16	3.10	2.53	4.02
农村居民人均生活性消费支出/元	16	5 460.57	2 251	11 977

5.1.2.3　因子分析

重庆市乡村振兴评价的指标体系涵盖 6 个二级指标，这些指标之间存在很强的相关性或者变量间存在很强的信息重叠。如果直接将这些指标纳入下文的计量经济分析，一方面会对数据样本量提出更高的要求，另一方面还会出现一些模型应用的错误。因此，本书采用因子分析法在不损失大量信息的前提下，利用较少的独立变量来替代原来的变量进行下一步的分析。

本书采用主因子法对重庆市乡村振兴评价指标体系进行因子分析。经旋转后的因子分析结果见表 5-7。由表 5-7 可知，有 16 个数据参与了分析，提取的因子共有 4 个，模型的 LR 检验卡方值为 208.7，P 值为 0.000 0，说明模型非常显著。根据因子方差的累计贡献率大于 80% 的原则，选取因子 1 和因子 2 来衡量重庆乡村振兴发展水平，前两个因子的累计方差贡献率达到 100%。

表 5-7　经旋转后的因子分析结果

因子	方差	差异性	比例	累积值
因子 1	3.409 8	0.933 8	0.580 0	0.580 0
因子 2	2.476 1	2.472 8	0.421 2	1.001 2
因子 3	0.003 2	0.002 8	0.000 6	1.001 8
因子 4	0.000 4	—	0.000 1	1.001 9

注："—"表示数据缺失。

旋转后的因子载荷图见图 5-2。由图 5-2 可知，因子 1 主要解释的是涉农贷款余额（loan）、农业保险保费收入（income）和农业保险赔付支出（payout）这 3 个变量的信息，因子 2 则主要解释农村金融机构从业人员

（staff）的信息。

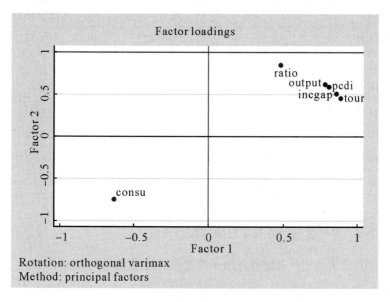

图 5-2 旋转后的因子载荷图

各样本的因子得分情况见表 5-8。著者以旋转后的前两个因子的方差贡献率作为权重，对主要因子得分进行加权评价值（因子 1 得分权重为 0.58，因子 2 的得分权重为 0.42），从而得到重庆市乡村振兴评价的综合得分。总体而言，2005—2020 年，重庆市乡村振兴的综合得分呈逐渐上升趋势。

表 5-8　各样本的因子得分情况

年份	因子 1 得分	因子 2 得分	综合得分
2005 年	-0.40	-1.50	-0.86
2006 年	-0.16	-1.89	-0.89
2007 年	-0.54	-1.03	-0.75
2008 年	-0.43	-0.88	-0.62
2009 年	-0.99	0.05	-0.55
2010 年	-1.34	0.88	-0.41
2011 年	-0.56	0.39	-0.16
2012 年	-0.14	0.22	0.01
2013 年	-0.45	1.14	0.22

表5—8(续)

年份	因子1得分	因子2得分	综合得分
2014年	-0.11	1.05	0.38
2015年	0.35	0.87	0.57
2016年	0.89	0.69	0.81
2017年	1.62	0.21	1.03
2018年	2.25	-0.20	1.22
2019年	2.80	0.07	1.65
2020年	3.00	0.18	1.82

5.1.3 农村金融服务与乡村振兴协整分析

本书以重庆市农村金融服务因子得分和乡村振兴因子得分作为农村金融服务和乡村振兴的代理变量,变量符号分别记为 *FS* 和 *RS*,进而分析农村金融服务乡村振兴的影响效应。农村金融与乡村振兴长期趋势图见图5-3。由图5-3可以发现,乡村振兴与农村金融服务的时间走势比较接近。因此,农村金融服务与乡村振兴之间可能存在长期均衡关系,即二者构成协整系统。

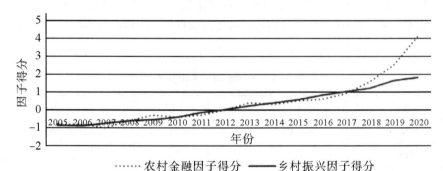

图5-3 农村金融与乡村振兴长期趋势图

变量平稳性检验结果见表5-9。表5-9中的 ADF 检验结果显示,农村金融和乡村振兴原始变量均存在单位根,而两个变量的一阶差分变量不存在单位根,表明农村金融和乡村振兴变量为1阶单整,满足两者间存在协整关系的前提条件。

表 5-9 变量平稳性检验结果

变量	ADF	P 值	结论
FS	-1.569	0.748	非平稳
RS	-3.400	0.103	非平稳
FS（-1）	-4.624	0.019	1 阶单整
RS（-1）	-5.395	0.002	1 阶单整

采用 EG-ADF 检验法对农村金融与乡村振兴之间可能存在的长期均衡关系进行协整检验。

第一步：以乡村振兴变量（RS）为被解释变量，以农村金融变量（FS）为解释变量进行最小二乘法估计，估计结果见式（5-1）。

$$RS_t = 0.000\ 1 + 0.920 FS_t + u_t \qquad (5-1)$$

式 5-1 的归回结果显示，农村金融服务（FS）对乡村振兴（RS）的边际影响效应为 0.920，金融服务变量（FS）的 t 值为 15.1，在 1% 水平内影响显著，表明重庆市金融服务对乡村振兴的实施具有显著的正向促进作用。此外模型的决策系数为 0.946，说明模型的拟合效果较好。

第二步：保存回归结果的残差，记为 e，对残差进行 ADF 检验。根据残差时序图，选择带截距的 ADF 检验形式，ADF 检验统计量的 P 值为 0.001 5，在 1% 水平上显著拒绝残差存在单位根的原假设，表明残差序列平稳，残差的单位根检验结果见表 5-10。因此，通过 EG-ADF 检验证实农村金融与乡村振兴之间存在协整关系，因而分析二者间的长期均衡关系是有意义的。

表 5-10 残差的单位根检验结果

变量	ADF	P 值	结论
e	-3.555	0.001 5	平稳

综上，虽然重庆市农村金融（FS）和乡村振兴（RS）两变量均为非平稳，但通过 ADF 检验表明两变量的一阶差分均为平稳，即为一阶单整序列。进一步通过 EG-ADF 检验发现，重庆市农村金融（FS）和乡村振兴（RS）存在协整关系，即稳定的均衡关系。因此，探讨农村金融（FS）和乡村振兴（RS）变量间的长期均衡关系具有意义。实证结果式 5-1 表明，重庆市农村金融服务对乡村振兴具有显著的正向影响，表明农村金融服务的提升将有利于乡村振兴战略的推进与实施。

5.2 金融服务重庆市乡村振兴战略的效率评价

前文的协整分析表明重庆市农村金融与乡村振兴之间存在长期均衡关系，农村金融对乡村振兴具有显著正向影响效应，表明农村金融的创新发展将极大地推进乡村振兴战略的实施。因此，在乡村振兴战略目标下，相关部门有必要提升农村金融服务乡村振兴的效率与能力。

5.2.1 研究方法

本书使用数据包络法（DEA）来测度重庆市农村金融支持乡村振兴的效率水平。数据包络法即 DEA（data development analysis），亦称数据发展分析法。它是 1978 年由著名科学家 A. Chames 和 W. W. Cooper 等人在相对效率概念基础上发展起来的一种效率评价方法，是运筹学、管理科学与数理经济学交叉研究的领域。实用性和无须任何权重假设的特点，使其得到了广泛的应用。目前，DEA 已成为管理科学、系统工程和决策分析、评价技术等领域一种常用的分析工具和手段，对于具有单输入单输出的过程或决策单元，其效率可简单定义为输出与输入之比。A. Charnes 等人将这种思想推广到具有多输入多输出生产有效性分析上。对具有多输入多输出的生产过程或决策单元，其效率可定义为输出项加权和与输入项加权和之比，形成了仅仅依靠分析生产决策单元（DMU）的投入与产出数据，来评价多输入与多输出决策单元之间相对有效性的评价体系。

DEA 模型属于无参模型，根据投入指标数据和产出指标数据评价决策单元的相对效率，即评价部门、企业或时期之间的相对有效性。DEA 方法是评价多指标投入和多指标产出决策单元相对有效性的多目标决策方法，它以最优化为工具，以多指标投入和多指标产出的权系数为决策变量，在最优化意义上进行评价，避免了在统计平均意义上确定指标权系数，具有内在的客观性。另外，投入和产出之间相互联系和相互制约，在 DEA 方法中不需要确定其关系的任何形式的表达式，具有黑箱类型研究方法特色。近年来，DEA 方法在我国社会、经济的许多领域取得了应用成果，C^2R 模型是方法的主要模型，也是应用较广的模型。

DEA 在处理多输入多输出问题上具有特别的优势，主要有以下两个方面：一是 DEA 以决策单元的输入输出权数为变量，从最有利于决策单元的角度进行评价，从而避免了确定各指标在优先意义下的权数；二是 DEA 不必确定输入和输出之间可能存在的某种显示关系，这就排除了许多主观因素，因此具有很强的客观性。

DEA 方法的两个基本模型为 C^2R 模型和 C^2RS^2 模型。C^2R 模型是评价决策单元（DMU）技术有效性和规模有效性的模型。C^2RS^2 模型是单纯评价决策单元 DMU 技术有效性即管理水平和技术发挥水平的模型。DEA 方法的运用，要求被评价对象间具有可比性，这样"相对效率"的概念才能有意义。DEA 相对效率的含义是投入与产出的比例，其本质是最优性，即从大量样本数据中分析出处于相对最优状况下的样本个体。据此，可根据 DEA 决策单元指标选取原则建立农村金融支持乡村振兴的数据包络分析模型，并使用此模型对乡村振兴中的金融支持效率进行相对有效的评估和优化分析。

5.2.2 指标选取

DEA 分析的指标选取涉及投入指标和产出指标。为测度农村金融服务乡村振兴的效率水平，参考现存文献和数据可得性后，本书以上文农村金融评价指标作为投入指标，以乡村振兴评价指标作为产出指标，具体见表 5-11。

表 5-11　DEA 投入产出指标

一级指标	二级指标	符号	含义
投入指标	涉农贷款	loan	本外币涉农贷款余额
	营业网点	ins	小型（新型）农村金融机构网点数
	从业人员	staff	小型（新型）农村金融机构从业人员
	保险赔付	payout	农业保险赔付支出
产出指标	农林牧渔总产值	output	衡量乡村第一产业发展情况
	农产品加工业产值/农业总产值	ratio	衡量乡村第二产业发展情况
	休闲农业与乡村旅游接待人次	tour	衡量乡村第三产业发展情况
	农村居民人均可支配收入	pcdi	反映农民收入水平
	农村居民人均生活性消费支出	consu	反映农民消费水平

5.2.3　样本数据

本书基于全国 2020 年省级层面的数据，采用 DEA 方法评价农村金融支持乡村振兴的空间差异化效率评价，以此分析重庆市农村金融支持乡村振兴在国内所处的效率水平，并对未来农村金融服务重庆乡村振兴的关键问题有所启示。鉴于指标数据可获得性的考虑，在农村金融服务乡村振兴的横向比较样本上，本书选择了北京、天津、上海、浙江、安徽、福建、江西、山东、湖北、湖南、海南、重庆、四川、陕西、新疆 15 个省（区、市）2020 年的数据作为样本。

在数据来源方面，本外币涉农贷款、农村金融机构网点数、农村金融机构从业人员、农产品加工业产值与农业总产值之比均来自 Wind 数据库；农业保险赔付支出来自《中国保险年鉴》；休闲农业与乡村旅游接待人次来自各省（区、市）文化旅游局官网；农林牧渔总产值、农村居民人均可支配收入、农村居民人均生活性消费支出等数据均来自各省（区、市）统计年鉴。样本数据描述性统计结果见表 5-12：

表 5-12　样本数据描述性统计结果

一级指标	二级指标	样本量	均值	最小值	最大值
投入指标	本外币涉农贷款余额/亿元	15	9 561.41	1 429	30 079
	农村金融机构网点数/个	15	2 534.4	38	6 111
	农村金融机构从业人员/人	15	30 027	761	73 331
	农村保险赔付支出/百万元	15	1 262.35	300.2	3 736.1
产出指标	农林牧渔总产值/亿元	15	3 654.47	290	9 397.39
	农产品加工业产值/农业总产值	15	3.02	0.15	12.01
	休闲农业与乡村旅游接待人次/亿人	15	1.27	0.08	3.5
	农村居民人均可支配收入/元	15	16 801.33	11 213	27 825
	农村居民人均生活性消费支出/元	15	14 097.73	9 421	20 195

5.2.4 实证结果

采用DEAP2.1软件对农村金融投入与乡村振兴产出进行求解，得到2020年重庆市与国内其他14个省（区、市）农村金融支持乡村振兴效率的空间对比结果，具体如表5-13和图5-4所示。

表5-13和图5-4为2000年15省（区、市）2020年农村金融支持乡村振兴的DEA效率评价结果。由表5-13和图5-4可知，2020年15省（区、市）农村金融支持乡村振兴的平均综合效率为0.401，平均纯技术效率与规模效率分别为0.649、0.721。从空间横向对比来看，重庆市农村金融支持乡村振兴的效率低于大多数样本省（区、市），其中：重庆市农村金融支持乡村振兴的综合效率为0.363，低于样本平均值3.8个百分点；重庆市农村金融支持乡村振兴的纯技术效率为0.390，低于样本平均值25.9个百分点；重庆市农村金融支持乡村振兴的规模效率为0.931，高于样本平均值21个百分点，但距离1的效率水平尚有差距。

表5-13 2000年15省（区、市）农村金融服务乡村振兴的DEA效率评价结果

省份	综合效率	纯技术效率	规模效率	规模报酬
北京	1.000	1.000	1.000	不变
天津	0.708	1.000	0.708	递增
上海	1.000	1.000	1.000	不变
浙江	0.085	1.000	0.085	递增
安徽	0.166	0.183	0.903	递减
福建	0.185	1.000	0.185	递增
江西	0.304	1.000	0.304	递增
山东	0.078	0.078	0.999	不变
湖北	0.189	0.189	0.997	递减
湖南	0.210	1.000	0.998	不变
海南	1.000	1.000	1.000	不变
重庆	0.363	0.390	0.931	递减
四川	0.224	1.000	0.224	递增
陕西	0.211	0.282	0.747	递减
新疆	0.297	0.406	0.731	递增
平均	0.401	0.649	0.721	

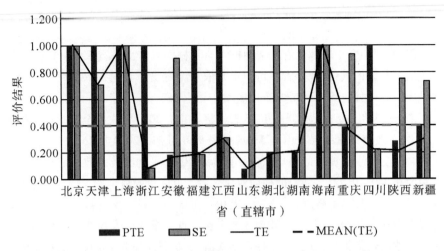

图 5-4　2000 年 15 省（区、市）农村金融服务乡村振兴的 DEA 效率评价结果

此外，重庆市金融支持乡村振兴存在规模报酬递减，这意味着重庆市金融支持乡村振兴已经处于饱和状态，在不改善现有的金融服务供给方式下，若盲目扩大农村金融投入的体量，非但不能发挥金融服务乡村振兴的最佳效率，反而会造成金融资源的浪费。因此，重庆市农村金融机构应改善经营管理方式，推进农村金融供给侧结构性改革，根据乡村振兴的真实服务需求加大产品和服务创新力度，提高乡村振兴过程中的金融服务供需匹配度，切实提高金融服务乡村振兴的效率与能力。

6 农村金融支持乡村振兴的问题及成因分析

2017年10月党的十九大召开以后，我国社会主义建设进入了新时期，然而乡村发展不平衡不充分的矛盾依然存在，重庆市集大城市、大农村、大山区、大库区于一体，最大的发展不平衡是城乡发展不平衡，最大的发展不充分是农业农村发展不充分。金融资源配置是乡村振兴的基础，金融体系是乡村振兴中进行风险管理的保障，金融在支持重庆市乡村振兴中具有不可替代的作用。如果金融服务滞后于重庆市乡村振兴的现实需求，乡村振兴就会严重受阻。本章将进一步利用微观调查数据，对金融支持重庆市乡村振兴的问题和成因进行分析，旨在为后文从金融机构和政府视角进行金融支持重庆市乡村振兴的建议提供坚实的经验证据。

6.1 农村金融支持乡村振兴的问题诊断

金融是实施乡村振兴战略的重要支撑，如何有效提升金融支持效率，推进乡村振兴是当前迫切需要思考的问题。从现状中不难看出，金融支持重庆市乡村振兴的现有措施和力度是不够的，现实效果不佳。著者在调查中发现，目前金融在支持重庆乡村振兴中，还面临以下5个方面的问题。

6.1.1 农村金融支持乡村振兴的业务种类较少

著者研究发现，重庆市乡村振兴对农村金融服务的需求，不仅品种多，而且规模大、期限长。但是，农村金融需求与农村金融支持不能有效对接，不仅供求总量失衡，而且供求结构也错位，使得乡村振兴中的农村金融需求满足率不高，主要体现为农村产权抵押融资、担保融资、农业保险、金融创新产品等方面的满足率不高。

从农村产权抵押融资方面来看，由于农村产权抵押融资的借款对象复杂，涉及面广，需求规模具有多样性，相应的农村产权抵押资产又具有产权不清晰、价值评估难、价值变现难、缺乏相应的风险分担和补偿机制的特点，使得金融机构因为担心遭受风险而不敢大量开发农村产权抵押融资业务。

从担保融资方面来看，资金需求方只有将银行不认可的农业资源或资产作为反担保物，申请担保机构为其担保，并支付贷款额2%~3%的担保费，才能向银行获得贷款。部分地区，如江津区和开州区，当抵押贷款发生违约风险时，许多银行不承担任何风险，而是将风险全额转嫁给担保公司，担保公司的发展就会因为承担了巨大风险而受到影响，因而农村担保机构往往会谨慎担保，导致担保融资业务无法满足乡村产业经营主体融资担保需求。

从农业保险方面来看，重庆市目前开办的农业保险品种只有能繁母猪、育肥猪、奶牛、桑蚕等养殖业品种；水稻、玉米、马铃薯、油菜、柑橘等种植业作物以及公益林和商品林等品种，农业保险品种较为单一，覆盖面较小，参与的农业保险机构也比较少，主要有中国人民保险集团股份有限公司、中华联合财产保险公司和安信保险公司重庆分公司。目前，重庆市只有政策性农业保险，没有巨灾保险，也没有商业性农业保险，农产品目标价格保险也只是在永川等部分区（市、县）试点，试点作物限定于水稻，作物价格保险覆盖率低，农业信贷保险尚未发展，农业保险无法真正起到农业保护伞的作用，也难以帮助分散农村产权抵押贷款的风险。

从金融创新产品方面来看，由于农户的收入具有高风险、低收益的特征，农村金融产品和服务还不能完全适应农业农村发展需要。另外，农业金融产品创新由总行统一负责，农村金融机构县域支行也没有金融创新权，无法根据各地实际量身定制一些抵押信贷产品；各类金融机构的金融服务主要是存贷汇款等业务，而像金融租赁、创投基金、企业和个人理财、发行债券等创新产品还比较缺乏。

6.1.2　农村金融支持乡村振兴的门槛较高

在重庆市农村金融市场，除中国农业发展银行、国家开发银行等政策性银行外，大多数金融机构均是商业化经营，以追求利润最大化为经营目标，因而其金融支持重庆市乡村振兴的门槛较高，主要体现在对农业项目的盈利预期要求高、对抵押物的要求高、对收益要求高等方面，但这些都不符合农业发展的资源禀赋、产业收益和风险特征。

在农业项目的盈利预期方面，农业项目收益的保障程度要取决于自然因素、市场因素、技术因素和经营管理因素。由于农业分工具有高度的信息不对称性和盲目性，农业项目面临着较高的市场价格波动风险，同时，农业项目是自然再生产与经济再生产的有机统一，自然再生产客观需要风调雨顺，但现实是气象等自然因素具有高度不确定性，重庆市多数地区经常面临旱灾、水灾、病虫害等自然因素的困扰，高温、干旱、低温等极端天气频发，降雨量分布不均，农业项目收益预期缺乏保障，难以达到金融支持农业项目的盈利预期。

在乡村抵押物的要求方面，银行所要求的有效抵押品的条件是要有产权证明；法律上合法，无产权纠纷；价值稳定且易变现，易于监管。但农村资产产权界定模糊，权属不明晰，导致农村地区缺乏有效的抵押担保物。

在产业经营收益要求方面，由于农业天然的弱质性，新型农业经营体系、村集体企业仍处于创业阶段，面临许多经营管理问题，因此产业经营收益往往难以满足金融支持条件。

正是乡村金融需求方的信用资源禀赋条件难以满足金融机构的高标准、高要求，使得市场机制主导的商业金融服务缺口较大，乡村信贷支持力度和比例偏小。重庆市涉农信贷占总信贷的比值见图6-1。由图6-1可知，2020年重庆市的涉农信贷占整体信贷比值为14.88%，较2010年下降了3.18个百分点，其中，仅2013年和2014年的涉农信贷占比在增加，其余年份均在减少，尤其从2014年开始一直在递减。总体来说，重庆市的涉农信贷占比越来越少，呈现出下降趋势，从侧面也反映出金融支持门槛较高。

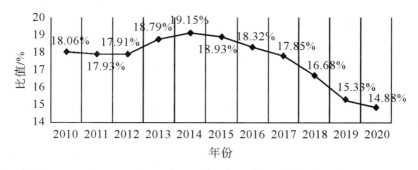

图6-1　重庆市涉农信贷占总信贷的比值

6.1.3　农村金融支持乡村振兴的效率较低

农村金融支持乡村振兴的效率可以通过两个方面体现出来：一是农村金融支持的内部效率，即金融资源配置的交易成本效率，二是农村金融支持的产出效率。从内部效率来看，调查结果显示，乡村信贷从申请提交到贷款获得普遍需要2~3个月，贷款手续审批程序较烦琐、复杂，增加了乡村信贷配置的交易成本。目前金融机构发展重心偏向于城市地区，从而不断优化、撤销农村营业网点，机构数量、服务人员、网点覆盖率和渗透率等配置不均衡，使得金融服务的半径较大，而在农村金融服务的对象主要是农民，由于他们的金融知识、意识和素养相对缺乏，对金融机构提供的产品缺乏认知，金融工具运用能力不强，导致金融服务时间长、金融支持效率较低。

如表6-1所示，从产出效率来看，重庆市财政和金融支农投入增长率近几年在逐渐下降，农民收入增长率存在下降趋势，农业产出增长率有所复苏。财政金融激励下的农业产出带动弹性近年提升明显，但农民收入增长弹性在2020年有所下降，表明财政金融支农资金可能被更多地用于非农业产出项目。可见，金融支持农业的产出效率还有进一步提升的空间。

表6-1 2012—2016年重庆市财政、金融支农投入与产出的关系

单位：亿元；%

年份	财政金融资金投入总额	财政金融投入增长率	农民收入增长率	财政金融刺激下的农民收入增长弹性	农业产出增长率	财政金融激励下的农业产出增长弹性
2012年	3 054	17.27	13.9	0.80	10.8	0.62
2013年	3 666	20.04	12.8	0.64	7.97	0.40
2014年	4 231	15.41	11.7	0.76	5.37	0.35
2015年	4 709	11.30	10.7	0.95	8.98	0.79
2016年	5 024	6.96	9.9	1.42	13.24	1.90
2017年	5 382	7.13	9.4	1.32	4.1	0.57
2018年	5 747	6.78	9.04	1.33	6.11	0.90
2019年	6 148	6.97	9.81	1.41	8.11	1.16
2020年	6 707	9.1	8.11	0.89	14.21	1.56

数据来源：重庆统计年鉴（2012—2020）

6.1.4 农村金融支持乡村振兴的内在动力不足

金融机构支持乡村振兴的积极性是内生性金融支持动力的重要因素。著者调查发现，样本金融机构愿意为乡村振兴提供金融产品和服务的意愿并不强烈，非常愿意提供贷款服务的金融机构仅占6%，非常愿意提供中间业务的金

融机构也仅占8%（如图6-2所示）。其中，违约风险高、缺乏抵押物或抵押物处置困难金融机构提供乡村资产抵押贷款服务意愿不高的比例高达68%；严重的信息不对称、业务量小、成本高以及人手有限等原因导致金融机构提供中间业务意愿不高的比例高达64%。可见，在当前金融服务乡村振兴中，金融机构的意愿并不强烈，表明金融机构缺乏支持乡村振兴的内在动力。

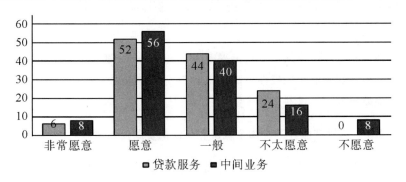

图 6-2　金融机构提供贷款服务与中间业务的意愿

6.1.5　农村金融体系支持乡村振兴的协同性不强

2018 年中央一号文件指出："实施乡村振兴战略，必须解决钱从哪儿来的问题。要加快形成财政优先保障、金融重点倾斜、社会积极参与的多元格局，确保投入力度不断增强，总量不断增加。"但是，目前重庆市乡村金融体系仍然存在支持协同性不强的问题，具体体现在以下两个方面：

（1）政策性金融机构和商业性金融机构不协同，商业性金融参与滞后。目前政策性金融机构，特别是中国农业发展银行仍是乡村振兴政策性金融支持的主力，承担了大部分的政策性涉农贷款。相比之下，工行、农行、中行、建行等商业银行虽在资产规模上远高于农发行，在乡村振兴中并未发挥与其实力对等的作用，参与度明显滞后。

（2）银行、担保、保险等金融机构不协同，担保承担了大部分风险。目前各金融机构互动性、协同性不足，职能定位不明确，没有建立起银行、保险、融资担保机构共同参与、合理分担风险的可持续合作模式。从担保公司与银行合作来看，担保公司与银行的风险分担比例严重失衡。著者调查发现，部分县域当"两权"抵押贷款发生违约风险时，银行不承担任何风险，而是将风险100%转嫁给担保公司。从农业保险机构的角度来讲，农业保险存在"三低三高"，即低保额、低收费、低保障和高风险、高成本、高赔付，因而农业保险机构的参与意愿不强，作用难以有效发挥。从农村信用担保机构的角度来讲，乡村振兴的风险分担和担保机制匮乏，农村信用担保体系发展缓慢，政策性担保机构提供的服务严重不足，商业性担保承担了大部分的风险，直接导致担保机构收费居高不下，加重了乡村产业经营主体的融资负担。

6.2 农村金融支持乡村振兴问题的成因分析

目前金融在支持重庆市乡村振兴中还存在着许多问题，诸如金融支持种类少、门槛高、效率低、积极性不高等，而造成这些问题的原因也是多方面的，著者实地调研发现，这些原因主要包括以下几个方面。

6.2.1 乡村产业经营主体金融素养与信用资源禀赋稀缺

（1）乡村金融需求主体组织化、企业化程度低。一方面，由于重庆市土地资源分布不均衡，呈现出山地多，耕地少、土壤肥力不高的特点，加上我国实行了40年的家庭联产承包责任制，导致重庆市农业用地碎片化，难以进行大规模机械化生产，生产效率不高，农产品大多用于农民自用或到集市上散卖，因而不利于农业市场化、商品化发展。重庆市部分区（市、县）受地形地貌的制约，新型农业经营主体的产业无法规模化，进一步制约了其组织化、企业化、社会化程度。目前，重庆市除了梁平、垫江、长寿等区（市、县）地势较平坦，适宜较大规模的机械化经营外，其他区（市、县）的农业生产经营主要仍以分散的、细碎的、兼业化的、非组织化的方式进行，这造成了乡村资金需求主体组织化程度低、社会化服务体系不健全等问题，加大了新型农村经营主体的融资难度。另一方面，一些村集体经济组织、股份经济合作社处于发育阶段，制度不健全，内部组织架构和运行机制不完善，尚未完全按照企业化运作而成为真正的市场经营主体，市场声誉远未建立起来，组织化、企业化程度不高，也增加了其融资的难度。

（2）乡村金融需求主体组织治理不完善。当前，乡村振兴战略的重点是鼓励和支持新型农业经营主体的发展，通过对新型农业经营体系的培育，使其成为连接小农户和大市场的桥梁。但新型农业经营主体的组织治理不完善，也制约了金融支持新型农业经营主体发展。重庆市新型农业经营主体尚处于发展初期，由于设立门槛较低，有的仅办理了工商登记，没有办理税务登记、组织机构代码证等手续，经营证件不全，管理松散，法人治理结构不完善，导致银行机构难以准确判断其经营实力（郭新明，2018）。另外，虽然重庆市有许多区（市、县）为推动区域经济发展，成立了股份经营合作社，但是其组织治理仍存在许多问题，组织机构不健全，组织涣散，合作社的管理人员多是村委会班子成员和村党支部成员，并没有将合作社的管理人员与村干部分离，合作社资产的管理者和使用者实际上是村党支部成员和村委会成员，致使政经不分，行政干预多，造成名义上村民是股份经营合作社的主人，实际上人人又都无法当家作主，村民的合法权益不能得到有效保护，所有权、使用经营权和监督权不能充分发挥和有效制衡，也影响了金融资金使用的安全高效性。

（3）乡村金融需求主体缺乏规范化的财务核算和信息披露要求。由于乡村产业经营主体人才缺乏，财务人员水平普遍不高，财务管理比较混乱，许多会计没有严格按照规定设置农业会计科目、登记账簿，编制会计报表，很大一部分乡村产业经营主体账簿不全，未按规定使用记账凭证或记账凭证填制不规范，相当数量的村级财务只有一本收支流水账，缺乏规范的财务信息披露。并且，财务人员经常变动，账随人换的现象十分常见。会计人员只对任期内的档案进行保管，因此导致会计档案保管不善、损毁、丢失现象严重，财务信息不透明，金融机构无法准确获取和掌握需求主体的财务信息，从而在金融机构和乡村产业经营主体之间形成严重的信息不对称。

（4）乡村金融需求主体金融知识缺乏。目前重庆市农村大量劳动力进城务工，从事农业的多是老人和妇女，他们受教育程度普遍不高，金融知识较为匮乏。即使乡村金融服务的需求主体大多数是新型农业经营主体，但现有多数新型农业经营主体依然是在家庭联产承包责任制下由传统农户逐步演变而来，由于文化程度低等原因，大部分有金融需求的新型农业经营主体金融知识、意识和素养严重缺乏，对金融机构提供的保险等产品缺乏认知，金融工具运用能力和风险防范意识不强，并不具备市场化的金融融资能力，在一定程度上加大了乡村产业经营主体的融资约束。

（5）乡村金融需求主体缺乏标准的抵押资产。目前由于新型农业经营主体尚处发展初期，生产规模相对较小，缺少有效的资产作为抵质押品。同时，成为抵押物的基本条件是产权边界必须清晰，并且没有法律纠纷，受益处置人明确。但是著者在调查中发现，新型农业经营主体流转过来的土地并不能作为标准抵押品，虽然新型农业经营主体拥有这些流转土地的土地经营权，但偏远地区的土地经营权证的需求主体少，土地交易区域受限严重，交易变现处置困难，也就不可能成为金融机构可以接受的有效抵押物。另外，新型农业经营主体在流转过来的土地上进行了大量农业投资，建成了现代农业所需要的大棚、办公房、厂房等地上附着物、建筑物，但由于这些建筑物和农业设施缺乏相应权证，农业前期投入形成的大量固定资源无法转化成具有产权证明的固定资产。在无产权证明的情况下，这些资源也就无法形成银行认可的标准抵押品，银行不会进行抵押授信，这使得新型农业经营主体抵押融资担保十分困难。

6.2.2 金融机构逐利性与安全性要求增强

（1）金融机构逐利动机与风险防范要求提高。在重庆市乡村金融市场上，除中国农业发展银行等政策性银行外，其他金融机构均以追求利润最大化为经营目标，加上金融机构间的竞争加剧，使得金融机构逐利动机与风险防范要求进一步提高。尽管财政支持农村基础设施提高了农业抗风险能力，但农业天然的脆弱性导致其经营风险较大，建设周期长而收益不高。为了有效地管控风险，商业银行会综合考虑经营成本和收益，更愿意将资金投放给高净值客户，对投资大、收益低、风险大、周期长的农业表现得不积极。金融机构发展重心偏向于城市地区，从而不断优化并撤销农村营业网点，乡村机构数量、服务人员、网点覆盖率和渗透率不足，村户分散的地区多为金融服务盲区。尽管商业银行的缺位逐渐由新型支农金融机构弥补，但其从数量和规模上都还未能适应乡村振兴的需要，金融机构城乡布局失衡，乡村金融组织体系功能缺位。由于金融机构风险防范要求提高，而农村信用体系建设落后，金融生态环境不佳，使得金融服务的准入门槛较高、限制条件较多。另外，金融机构在产品营销对象上排除不达标群体，金融产品服务价格相对较高，附加条件较为苛刻，信贷评估流程较为复杂，使得信贷供给收缩，减少了乡村产业经营主体获得金融服务的途径，迫使部分人群选择民间借贷等非正规的金融渠道，从而导致农村金融有效供给相对不足，最终影响乡村金融资源的有序流动和合理配置。

（2）落实农村产权抵押融资政策的风险高。重庆市农村产权抵押融资政策落地困难，落实该项政策的风险高，既有法律制度不适，也有产权界定缺位，还有抵押物处置变现困难和缺乏适当的风险分担和补偿机制等方面的原因。从法律方面来看，除了林权抵押外，农村土地和房屋抵押融资政策均存在与《中华人民共和国民法典》《中华人民共和国土地管理法》《中华人民共和国农村土地承包法》等法律规定不相适应的冲突，导致金融机构不敢积极开展农村产权抵押信贷业务；从产权方面来看，农地"三权"分置改革尚未到位，新型农业经营主体缺乏土地经营权、收益权以及农业投资形成的农业资产产权证明，也加大了落实农村产权抵押政策的风险；从操作方面来看，农村产权资产抵押贷款涉及的利益主体众多，信息复杂，且由于抵押物的特殊性和农业产业的弱质性，极易引发风险，形成不良资产。而农村产权资产交易对象制度固化，有效需求不足导致有价无市，价值评估随意化，处置变现困难，加大了金融机构信贷风险（叶裕民，2018）。虽然重庆市目前已建立了农村土地交易所和各乡镇土地流转服务中心，但尚未建立统一的综合性农村产权交易市场和分区（市、县）分层次的农村产权交易市场体系，导致农村产权资产流通转让体系不完善，缺少相应的抵押物处置平台，正规的金融机构难以将出现违约的农村产权抵押资产迅速处置变现，一旦借款户出现贷款违约，金融机构由于无价无市难以处置抵押资产，其债权不能得到有效保护，这极大地增加了银行等金融机构在落实农村产权抵押融资政策中的风险。从风险分担和补偿机制层面来看，虽然重庆市政府出台了农村产权抵押融资风险补偿政策，但著者调查发现，不少金融机构反映风险补偿的财政政策落地困难，由于缺乏适当的风险分担和补偿机制，使得农村产权抵押信贷风险难以控制，进一步挫伤了金融机构落实农村产权抵押融资政策的积极性。

（3）基层金融机构缺乏金融定价与创新权。目前，国有商业银行进行金融定价和创新主要采取的是自上而下的模式，金融定价和创新统一由总行负责，总行设立产品研发机构，负责市场需求调查、产品开发，各级分支行按照总行的统一部署在辖区宣传、推广和使用。一方面，国有商业银行机构庞大，管理层次和机构繁多，决策程序复杂，在决策信息的收集、决策制订、执行三个环节上花费的时间多。新产品经过论证、开发、试点再到运用通常需要较长的时间，使得总行对市场反映的应对及时性和灵敏度不高。另一方面，相对于基层金融机构而言，总行没有长期接触农村市场，对市场的实际情况了解不够深入，认可的信贷标准与农村实际脱节较为严重，不能因地制宜，使得以客户为中心开发的产品不多，没有能够真正面向客户和市场，金融创新水准不高，产品同质化现象严重，无法真正满足乡村的实际金融需求。相对而言，基层金融机构更加了解农村实际，但农村金融机构县域支行也没有金融创新权，无法根据各地实际量身定制一些抵押信贷产品。虽然目前基层金融机构可以向上级提出相关产品创新的建议，但是管理层次和机构繁多，决策程序复杂，导致产品不能有效对接市场，产品标准化和同质化严重，适应性不强。

（4）支持乡村振兴的金融服务经营成本高。要实现乡村振兴，提升乡村的金融服务质量，就要求在乡村有良好的金融服务环境。但是目前重庆市内各乡村的金融服务环境不佳，主要原因是支持乡村振兴的金融服务经营成本高。金融机构在农村地区的经营成本偏高，一方面，在乡村新设立或新迁入金融机构需要新购置或租赁自用办公用房、办公设施等需要较高成本，即使这些固定设施设备选址在乡村已经存在的金融机构中，也由于固定资本折旧等因素会增加其成本；另一方面，由于目前重庆市乡村大多数都存在产业"空心化"和劳动力老龄化的问题，减少了对办理业务的需要，通常只有在春节前后业务的办理量才会增加，导致金融机构大多数工作人员处于空闲的状态，而金融机构又要给其发放工资，增加了筹资成本、营业成本。同时，乡村金融服务的对象除了新型农业经营主体外，还有很大部分群体是农民，相比新型农业经营主体，农民的金融知识、意识和素养更加缺乏，对金融机构提供的产品认识严重不足，导致金融机构涉农金融服务成本和风险上升。并且，乡村金融机构通常组织架构不完善，组织发放信贷的管理能力较差，而信贷的服务半径较大，导致贷款产生坏账的概率较高，风险成本较大。

6.2.3 乡村产权与交易制度不合理

清晰的产权与合理的交易制度是金融支持实体经济的前提和市场机制得以正常运作的基本保证，也是市场主体获取银行抵押贷款的基本条件。由于部分现代农业投资资产产权界定缺位，权属不明晰，加上农村产权资产交易范围受到法律固化，使得农村较多资源无法转换为资产，也无法以此为抵押向银行获得可以利用的现实资本，最终导致农村地区缺乏有效的抵押担保物，长期制约着农村信贷的投放。为了挖掘农村产权价值，实现农村资源资产资本化，对现代农业投资资产产权归属进行界定、建立合理的农村产权资产交易制度就显得尤为重要。现行农村产权与交易制度的不合理主要表现在以下几个方面：

（1）土地"三权"分置改革不彻底。2014年的中央一号文件提出了推动农村土地"三权"（所有权、承包权、经营权）分置改革的政策，"三权分置"的最大特色是承包权与经营权的分离，因而处理这二者的权利关系是"三权分置"的核心和关键。按照中央对农村土地"三权"的分置原则，无论是承包土地还是流转土地，抵押的实际上都是土地经营权，农户原承包权稳定不变。但"三权分置"下农地经营权从承包经营权分离后，经营权、承包权的属性和权能具体是什么仍存在争议，承包权、经营权的权能如何在法律上解释和体现存在难题，以及承包农户与经营者的利益关系如何处理在实践上还不成熟，使得现实中责任承担、流转方式都难以统一确定，对于农村土地的流转造成了一定的负面影响。国家并未从法律层面界定"所有权""承包权""经营权"的权利边界，农民也将"承包权"误解为"所有权"，并以此为借口恶意约束拥有"土地经营权"的新型农业经营主体的土地抵押融资行为，使得经营权流转和抵押相关权利的实现面临困境。

（2）现代农业投资资产产权界定缺位。一方面，在现代农业投资中，要发展大规模的产业，避免不了土地要素流转。但那些通过流转土地进行规模化经营的新型农业经营主体，包括家庭农场、种养大户、农民专业合作社和农业企业等，虽然通过与农民签订流转合同并支付流转租金而获得"土地经营权"，实现了名义上的"承包权"与"经营权"的分离，但其"土地经营权"产权纠纷得不到有效的法律保护。由于土地经营权证交易转让困难，也就不可能成为金融机构可以普遍接受的有效抵押物，严重制约了新型农业经营主体的融资和可持续发展，也无法真正盘活农村土地资产，导致现代农业投资者与农户签订的租期合约偏短，进一步加大了农村产业实现规模效应的难度。另一方面，现代农业投资者在转入土地上建成的现代农业所需要的大棚、办公房、厂房等地上建筑物，这些农业设施有巨大的经营价值，在科学的农业经营管理下会带来显著的经济效益。但这些农业生产设施还只是经济资源，缺乏相应权证，农业前期投入形成的固定资源无法转化成具有产权证明的固定资产。在无产权证明的情况下，这些资源也就无法形成银行认可的有效抵押品①，银行不会进行抵押授信，这使得新型农业经营主体抵押融资担保困难。

（3）法律固化乡村产权资产交易范围。乡村振兴不仅需要政策上的支持，也需要法律制度的供给，特别是有关农村土地、宅基地法律方面的供给。由于我国乡村土地登记制度多年来不完善，不但限制了乡村土地和空间资源在市场上的流通能力和流通范围，而且也抑制了城市中先进的生产力到乡村寻找投资和发展机会的积极性。农村宅基地的规模庞大，随着土地的城镇化，土地的资本及其附属价值由农村向城市转移，从而导致土地城镇化的快速和人口城镇化的缓慢间的矛盾。没有城镇户口，即使这部分农村人在城市长期生活工作，他们也不愿放弃农村的宅基地和承包地，从而造成农村居住人口少了，宅基地却没少，导致不少宅基地和农地处于闲置状态。一方面，《中华人民共和国民法典》《中华人民共和国土地管理法》只允许农民在住宅用地上建自己居住的房子，如果要流转，也只能在集体经济成员内部流转或者退给集体组织，也就是说，限制宅基地只能够在本村人之间交易，而农村环境错综复杂，村民之间存在着或多或少的人脉因素，村民一般不愿意承担邻里压力，购置本村房屋，导致农房交易无法形成有效的市场，农房处置比较困难。另一方面，多数农民只有一套住房，一旦出现违约，即使裁决银行有权处置变现，但法院考虑到借款人家庭无新的住处，从人道角度考虑，法院也无法采取强制手段让借款人搬离

---

① 银行所要求的有效抵押品的条件是：第一，要有产权证明；第二，法律上合法，无产权纠纷；第三，价值稳定且易变现；第四，易于监管。

住所。根据我国现行法律的规定，规模庞大的宅基地虽然属于受法律保护的用益物权，但却既不能进入建设用地市场流通，也不能进入金融市场为其财产权人提供融资机会，同时还间接导致农村产权资产抵押融资困难。

6.2.4 乡村振兴中金融服务风险管理机制不健全

（1）乡村抵押资产处置机制不完善。农村抵押资产贷款涉及的利益主体众多，信息复杂，且由于抵押物的特殊性和农业产业的弱质性，极易引发风险，形成不良资产。在农村抵押资产贷款政策实施过程中，能否有效处置乡村不良抵押资产、减少银行信贷损失，决定了政策实施工作的成效和是否可持续。著者通过调查发现，目前重庆市并没有统一的农村抵押资产处置管理公司来负责收购、处置、管理金融机构因开展"三权"抵押贷款业务而产生的不良资产。农村金融机构一旦发生贷款损失，由于缺乏农村产权资产交易中心和处置管理机构，这些不良抵押资产不能通过公共交易平台和管理机构进行处置变现，只能进行风险催收或者内部核销，金融机构承担着较大的风险与经营压力，降低了其办理农村抵押贷款业务的积极性。因此，建立一个农村抵押资产处置管理机构，对无法在交易中心进行交易的抵押资产进行专门收处，为银行不良资产退出提供专业通道，对解除农村金融机构开展乡村产权抵押融资的后顾之忧具有重大现实意义。

（2）信贷风险多元化分担机制不健全。目前重庆市财政、银行、担保以及保险未能合理分摊信贷风险，信贷风险多元化分担机制仍不健全。从财政角度来看，虽然重庆市人民政府出台了乡村产权抵押融资风险补偿政策，但经著者调查发现，不少金融机构反映风险补偿金的申报程序复杂，审批时间过长，补助比例较低，部分区（市、县）财政困难，风险补偿基金迟迟不到位。如果发生抵押物处置风险，金融机构在符合风险基金申报条件的情况下，政府的风险补偿基金仍然到位困难，这无疑会降低金融机构办理抵押贷款业务的积极性。从担保公司与银行风险分担比例来看，如果担保机构与银行共担信贷风险，既能够避免银行潜在的道德风险，也能够促进担保公司可持续发展，实现银行和担保机构双赢。但目前担保机构和银行是不对等的，担保公司与银行的风险分担比例严重失衡，著者调查发现，在部分区（市、县）当"三权"抵押贷款发生违约风险时，银行不承担任何风险，而是将风险全额转嫁给担保公司。因而在风险分担上担保机构极其弱势，这种失衡的风险分担比例，必然会严重挫伤担保公司介入农村产权抵押融资的积极性。从农业保险的风险分摊机制来看，农业是弱质产业，极易产生自然灾害风险和市场价格波动风险，如果有农业保险机制介入，为乡村产业经营主体提供巨灾保险和目标价格保险，就可以在农业风险发生时减轻农业借款人的项目经营损失，增强其还款能力，降低农业项目信贷风险。但目前只有政策性农业保险，没有巨灾保险，也没有商业性农业保险，农产品目标价格保险也只是在永川区等部分区（市、县）试点，试点作物限定在水稻上，作物价格保险覆盖率低，农业信贷保险尚未发展，农业保险无法真正起到农业保护伞的作用，也难以帮助分散乡村贷款风险。从客观上讲，重庆市特有的山地特征、农业经营主体的农业保险意识淡薄、农村产权资产抵押物的特殊性，导致保险公司不愿意开展此类资源类保险。因此，农业保险业务的缺失，致使农业投资项目缺乏风险转移机制和风险分散渠道。重庆市需要建立合理的信贷风险多元化分担机制，在风险不能处置时，实现财政、担保及银行分比例共担风险。

6.2.5 支持乡村振兴的财政金融政策不协同

（1）乡村产业投资引导基金缺位。产业兴旺是实施乡村振兴战略的目标之一，但由于农村产业本身具有弱质性，受气候条件及市场风险等不可预知因素的影响较大，加上农村产权界定缺位，还有抵押物处置变现困难和缺乏适当的风险分担和补偿机制等，使得投资农村产业风险大，进而影响了农村产业市场融资，融资难成为制约其发展的最大问题。乡村产业投资引导基金通过先期投资引导金融机构支持，能有效缓解产业发展中的融资难问题，但目前重庆市各区（市、县）乡村产业投资引导基金缺位，乡村产业投资引导基金难以与金融支持有效对接。因此重庆市需要在各区（市、县）建立合理的乡村产业投资引导基金，以扶持乡村重点产业发展，培育特色效益支柱产业，促进乡村特色产业做大做强。

（2）乡村振兴中财税政策不健全。财税政策的功能往往是通过补贴、奖励和税收的方式，对乡村的各类主体进行引导，从而在乡村振兴中发挥重要的资金支持作用。然而目前重庆市在特色产业发展、基础建设投资和美丽乡村建设方面的财税政策仍不健全。在特色产业发展方面，新型农业经济主体需要采用先进的农业科技和生产手段，并进行规模化、专业化的种养殖，故需要投入大量的资金支持。虽然国家对农村金融机构有诸多的税收优惠政策，主要涉及营业税和企业所得税，但是在目前实施的农村产权抵押贷款配套政策中，国家并没有针对金融机构开展农村产权抵押融资业务的相关税收优惠政策，并且，目前对乡村贷款贴息政策存在两个方面的问题：一是由于部分地方财政拮据，对乡村产业经营主体的财政贴息政策并未切实落地；二是规定80万元以上的贷款给予贴息，而有些企业的有效信贷需求低于 80 万元，但为了获得财政贴息硬贷了 80 万元，导致资金用不完引发了信贷风险。可见，财政贴息政策存在歧视性，这不仅会影响所有乡村经营主体的生产积极性，也会降低金融机构的贷款意愿，从而阻碍特色产业培育和发展。在基础建设投资和美丽乡村建设方面，要促进乡村振兴，就必须在现有基础上加强现代农业基础设施建设，但是，目前财政对农业基础设施和生态补偿投入少且结构不合理，真正用于提高新型农业经营体系综合生产能力的基础建设投资规模较小，且总量不足。并且，财税政策在供给中强调短期效率而未考虑长期效率，如进行"村村通"道路和水利设施建设时，一旦建设任务得以完成，有针对性的财政服务即告结束。事实上，当这些设施建成后，还需要相关配套和维护，而这些在财税政策中并未考虑。如果使用一段时间破损后要让财政资助维修，需要单列项目，但很难得到及时批准。

（3）财政金融政策配合度低。财政和金融作为两种资金配置的手段，其特点各有不同。财政作为公共手段，主要着力于外部性和准外部性的领域，而金融作为市场手段，其侧重点自然是不存在外部性的私人领域。长期以来，财政和金融也是在各自的领域中独立运转，保障政府和市场边界的明晰。然而实践反复证明，财政和金融这两种资源配置手段均存在各自的局限性，在一些领域不仅需要二者有机结合，甚至还需要二者共同介入。而乡村振兴作为一个系统性工程，集公共性和市场性于一身，为了实现乡村振兴，迫切需要财政金融政策的配合。目前，重庆市财政金融政策配合度低，缺乏整体规划与政策协同，政策合力难以发挥。并且政府对村集体项目在招商引资、税收等方面也缺乏差异化政策支持，导致金融机构有时较难介入，开展服务。追求利润最大化的金融机构不愿轻易涉足农业领域，而追求公平的财政虽然近年来投入了大量资金，但是缺乏金融资金的有效配合，对乡村的促进作用有限。因此，财政金融政策协同应着眼于从改善财政服务效率出发，尽量实现财政服务与市场化接轨，提升自身服务效率。在此基础上，还应发挥财政的先导功能，积极引导金融资本支持新型农业发展，进一步发挥金融机构追求效率最大化的优势，实现二者良好协同。在乡村振兴中，可以考虑建立科学合理的考核评估体系，并将评估结果与央行金融机构评级、货币政策工具使用、金融市场准入、差别化监管以及财税政策相挂钩，实行有奖有惩、激励与约束并重的机制。

7 农村金融支持乡村振兴的国内外经验借鉴

他山之石，可以攻玉。乡村振兴在发达国家持续推进了几十年甚至上百年时间，发达国家在金融支持乡村建设发展方面积累了丰富的经验。同时，国内一些典型地区也在加快探索金融支持乡村振兴的经验。本章将选择美国、法国、日本、韩国、印度等国家，以及国内诸如四川省成都市、广东省广州市、广东省湛江市、江苏省东台市、黑龙江省安吉市等典型地区的实践探索进行经验分析，以对重庆市农村金融支持乡村振兴提出有益的启示。

7.1 农村金融支持乡村建设的国外经验借鉴

7.1.1 金融支持乡村建设的美国经验

作为世界上农业最发达的国家，美国的农村金融体制在乡村建设中发挥了重要的作用。经过多年的发展与实践，美国已经形成了完备的金融系统支持乡村建设。

7.1.1.1 农业政策金融系统支持乡村建设与发展的实践

国家建立农业政策性金融体系的目的是为农业提供信贷支持及其他服务，发展具有社会公益性质的农业项目的投资，通过政府支持来办理商业机构和其他金融机构不愿意提供的政策性贷款从而弥补农业资金渠道的不足，以稳定国内流通领域的农产品价格、提高农民的收入、实现政府的农业政策目标。

美国农业政策性金融机构主要包括农民家计局、农村电气化管理局、商品信贷公司以及小企业管理局等。农民家计局成立于 1946 年，是美国政府贯彻实施农业政策的主要工具。农民家会计局的资金来源包括承保发行债券，担保动员商业银行等金融机构向农民发放贷款，以及配套政府拨款。农民家计局的业务范围主要包括两个方面：一是对低收入、新创业以及因各种情况遭受损失，不能正常获得资金的农民提供救助和扶持；二是为环保和乡村建设提供资金，为一些公益性项目提供无偿拨款。农村电气化管理局成立于1935年，其目的是改善农村环境和公共设施。农村电气化管理局的具体职责是对非营利的农村电业组织和农场发放贷款，从而提高农村电气化水平。商品信贷公司成立于1933年，资金来源主要是国库拨付，主要职责是通过农产品抵押贷款的方式进行价格支持，并对农场因自然灾害等造成的减产给予补贴。小企业管理局成立于1953年，资金来源主要是贷款收回的本息和国会拨款，主要功能是为无法从其他正常渠道获取资金的农村小企业提供扶持和资金帮助。

7.1.1.2 合作农业信贷系统支持乡村建设与发展的实践

20世纪初期，美国的农业信贷资金绝大部分是由个人或私营机构提供的，体现出期限短和资金数量有限的弊端，随着经济的发展，这种模式的弊端日益凸显，无法适应现代化农业发展的需求。1916年以后，美国政府开始出资并逐步建立各种农村金融合作组织。目前，美国的农村合作金融体系包括联邦中间信贷银行、联邦土地银行及土地银行合作社、合作银行三大系统。联邦中间信贷银行成立于1923年，由12家分布在12个信用区的信贷银行组成，主要资金来源为自有资本、向商业银行借入以及联邦农业债券，主要功能是解决农民的中短期贷款问题。联邦土地银行系统由分布在12个信用区的联邦土地银行以及下属合作社组成，主要功能是解决农民的长期贷款。联邦土地银行实行股份所有制，即每个合作社都向其缴纳股金，银行股权归每个合作社所有，也间接归每个借款人所有。合作银行系统由13家合作银行组成，功能是在需要时为合作社的运作提供贷款。

7.1.1.3 联邦土地银行支持乡村建设与发展的实践

早期的美国乡村建设与大多数经济欠发达国家的情况一样，存在三大问题：在信贷市场上存在严重的信息不对称、农户缺乏有效抵押品以及金融机构存在很高的运营成本。从金融机构的角度来看，如果农户能够提供有效的抵押品，农村信贷市场的信息不对称和金融机构的高运营成本便能有效缓解。于是，有效的抵押品成了农村金融发展的关键，而对农民来说，最有可能成为抵押品的是土地。在这一背景下，美国政府在20世纪初对农村土地金融进行了立法，于1916年颁布了《联邦农地抵押款法》，设立12个联邦土地银行及农业贷款局，初始时，土地银行的资金主要来源是政府。当农户借款时，首先以土地为抵押向土地银行提交申请，实际借款的金额根据土地的价值而定，借款期限为3~40年不等。借款成功后按借款额的5%入股土地银行合作社。同时规定，数量超过 10 户的农户组便可以组成土地银行合作社，此举大大促进了合作社的发展。随着资金规模的不断扩大，联邦土地银行逐渐被合作社认购，即政府资金占土地银行的资金比例不断被合作社取代，直至最后完全被合作社取代，土地银行完全被合作社占有。由于联邦土地银行实行的是股份所有制，即每个合作社都向其缴纳股金，银行股权归每个合作社所有，也间接归每个借款人所有。美国通过联邦土地银行很大程度上解决了农民中长期贷款的需求，盘活了农村土地资产，缓解了农村资金供给不足的问题，促进了乡村的建设与发展。

7.1.1.4 农业保险系统支持乡村建设与发展的实践

美国的农业保险在早期是由私营保险公司提供的，由于其风险太大，私营保险公司陆续退出了。1938 年以后，美国政府积极参与农作物保险计划以帮助农民应对农业生产的风险。并经过多年的发展，美国形成了比较完善的农业保险体系。为了应对农业生产的风险，稳定农民的收入，美国于 1938 年批准设立了由政府直接经营的联邦农作物保险公司。该保险公司在美国农作物主产区进行了持续 40 年的试点。40 年中，参加农作物保险的面积一直在 2 000 万英亩（1 英亩 ≈ 4 047 平方米）左右波动，投保率很低，不足 10%。联邦农作物保险公司的试点存在经营成本高，缺乏足够的储备金以及参与率低等一系列问题。这一系列问题使美国政府意识到，农作物保险具有高风险特性，必须加大改革和投入力度。

为了强化农作物保险在农业支持和乡村发展中的作用，1980 年美国国会颁布了一系列的法律，确立了政府主导、市场经营的农作物保险模式：一方面由政府全面推进农业保险体系的改革，放开地区限制，扩大参保率，同时实行联邦农业保险与政府灾害救助并存的"双轨制"；另一方面鼓励商业保险公司和代理人参与农业保险的服务和销售，同时承担部分风险。这种模式在一定程度上推动了美国乡村保险业的发展，但同时也导致了一系列问题的出现。由于"双轨制"模式的实行，许多农民故意在风险高的地带进行生产，以获得免费的救助，进而扩大了农业生产的风险，同时又严重影响了商业保险公司的投保积极性。1980—1994 年，美国政府用于灾害救助的资金达到 160 亿美元，而用于保险补贴的资金不到 9 美元，且农作物保险的赔付率在 10 多年间一直居高不下。为了解决农作物灾害救助带来的一系列问题，1994 年美国对农业保险进行了进一步的改革：一是将原来覆盖所有农作物的救助计划改为只对农作物保险未覆盖的非保险农作物实施救助计划；二是推行强制保险，只有参与农业保险后才有资格获得一系列津贴和优惠贷款。

2000 年，美国通过《农业风险保障法》对农业保险制度进行了进一步的改进：一是进一步扩大商业保险公司的作用，扩大其职能范围，允许其参与保险产品的开发和研究；二是提高保费的补贴比例，吸引更多的农场主参保；三是开始关注农业保险中的各种道德风险问题（袁怀宇，2017）。经过多年的发展，美国形成了比较完善的农业保险体系。现行的美国农业保险由商业保险公司在政府的支持下经营和代理，其运行主要分为三个层次：一是风险管理局，主要负责制定险种条款、向私营保险公司提供再保险支持以及风险的控制；二是私营保险公司，主要负责执行风险管理局的各项规定；三是代理人，负责实施具体保险业务。

总体来说，美国的农村金融体系在支持乡村建设的过程中，形成了相对复杂却又条理清晰的结构。整个金融组织体系的目标十分明确，分工管理职责清晰；各机构竞争有序、运行高效；既有发达的金融市场作为辅助，又有强大的政府财政作为支撑。

7.1.2　金融支持乡村建设的法国经验

作为世界农业大国之一的法国，历来十分重视农业的发展，并从下而上逐步形成了较为稳定的农村金融体制以支持乡村建设与发展。19 世纪初期，为了融通资金以支持农业的发展，法国政府颁布了《土地银行法》。后期为了进一步改善农村的发展，法国政府又陆续在 1894 年建立了农业信贷互助地方银行以支持农民自主成立的信用合作社开展活动，在 1899 年建立农业信贷地区银行以协调地方银行的业务活动，在 1920 年成立国家农业信贷管理局以管理地方银行和地区银行，在 1926 年又将农业信贷管理局改为农业信贷银行，并与其他机构形成了全国性的农业互助信贷体系，即一直延续至今的法国农村金融体系，由农业信贷服务系统和农业保险服务系统组成。

7.1.2.1　农业信贷服务系统支持乡村建设与发展的实践

为支持乡村的建设与发展，实现乡村振兴，法国形成了由农业信贷银行系统、互助信贷联合银行、大众银行和法国土地信贷银行组成的农业信贷服务系统。其中法国农业信贷银行系统在农村信贷银行中处于主导地位，是法国半官方的专业银行，由法国农业信贷银行和省农业互相信贷银行联合组成。前者属政府机构为国家银行性质，后者为私人合作性质。互助信贷联合银行遍布法国各省，主要功能是解决农民在农村住房、家庭用品等方面的贷款需求。大众银行作为互助合作性质的农村信贷机构，主要业务是吸收城乡的存款，并发放中短期的贷款。土地信贷银行受政府控制，主要为购买农业用地、住房和农业生产设备提供贷款，资金来源主要是吸收存款、发行债券、国家贷款等。

7.1.2.2 农业保险服务系统支持乡村建设与发展的实践

法国虽然自然灾害频发，但其农业比较发达。原因之一是其农业保险起步早并且发展快。例如其经济作物烟叶互助保险的经营就格外成功。18 世纪末，法国政府为了分散雹灾给农业带来的巨大风险，由互保协会组织办理农作物雹灾保险，并取得了巨大的成效。19 世纪中叶，法国经历了一次农业危机，为了满足农民的不同需要，各种相互保险组织应运而生，同时，为了保障自身的经济安全，法国农民自发设立了各种地方保险公司来应付农业生产经营的风险，包括火灾、牲畜死亡等各类保险。进入 20 世纪后，几乎每个村落都成立了互保协会，同时政府会对互保协会及再保险机构定期给予一定的补贴。随着各种法律的完善和实施，法国农村的保险业得到了飞速的发展。

7.1.3 金融支持乡村建设的日本经验

日本的农村金融体系主要由合作金融、农业政策金融以及农业保险组成。长期以来，农村金融体系在支持日本乡村建设与发展中发挥了重要的作用。

7.1.3.1 合作金融系统支持乡村建设与发展的实践

日本是一个土地资源十分稀缺的国家，日本农户无法通过土地抵押来获得充足的资金。在这一背景下，日本建立了强大的合作金融体系——农协系统合作金融体系。该体系分为三个层次：第一层次是直接由农民按自愿原则入股组成的农协合作金融部，主要功能是吸收农民的闲散资金，同时向资金短缺的农民提供贷款；第二层次是县信用农业协调联合会，主要功能是为全县范围内的农协合作金融部提供资金的调配；第三个层次是全国农林中央金库，其功能主要是负责全国范围内的资金调配和管理，并向其他金融机构融入资金。农协系统合作金融体系主要有如下三个特点：一是以提高农民生活水平为目的，资金主要用于农业生产；二是为全体成员服务，不以营利为目的；三是同国家政策密切配合。其职能主要是：吸收农民闲散资金，为有资金需求的农民提供资金支持；调节不同地区和季节的信贷平衡；贯彻政府的各项农业保护政策。实践证明，农协系统合作金融体系为日本农业发展和乡村繁荣发挥了很大的促进作用，在农民土地稀缺的情况下解决了农户融资困难的问题。

7.1.3.2 农业政策性金融系统支持乡村建设与发展的实践

一般从事农林渔业生产的农户所需的资金存在数量较少且分散的特点，这就导致金融机构出于对风险和成本的考虑不愿意为其提供贷款。针对这一情况，日本政府于 1953 年建立了专门的"农林渔业金融公库"，服务一般金融机构不愿意提供贷款的领域，为这些资金需求少且分散的农户提供低息的长期贷款。另外，农林渔业金融公库还广泛吸收农村的储蓄资金，从而扩大资金来源，并帮助农户积累资金。农林渔业金融公库的成立对日本的农业现代化起到了举足轻重的作用。

随着乡村经济的不断发展，农林渔业金融公库提供的业务也在不断创新：在日本乡村发展初期，农林渔业金融公库的资金主要用于支持农地改造等建设；随着农业收入与工商业收入差距的扩大，农林渔业金融公库的资金转向重点支持水果业、畜牧业等的发展。总体来说，农林渔业金融公库时刻跟随农村发展的脚步，不断调整，保证资金用在最需要的地方。2008 年，随着发展的需要，农林渔业金融公库演变成日本现在唯一的政策性金融机构——日本金融公库的农林水产事业部。

7.1.3.3　农业保险系统支持乡村建设与发展的实践

作为一个自然灾害频发的国家，日本的农业保险具有比较长的历史。经过多年的发展，日本的农业保险已经成为稳定且覆盖面广的持久保护措施。其主要特点有：具有一定的强制性，对一定规模的农户实施强制的保险；组织机构层次分明，且机构之间配合协作，形成有机的组织体系；保险单位细化到单独的地块，而不是全部耕种面积；实行投保农作物费率的差别化，并不断增加新的被保农作物项目；政府对保险费用提供补贴以减轻农民的保险费用负担。

7.1.4　金融支持乡村建设的韩国经验

7.1.4.1　韩国农村金融与乡村发展的关系演化阶段

韩国是现代乡村振兴的代表性国家之一。在金融支持乡村建设与发展的进程中，韩国农村金融与乡村发展的关系经历了以下五个阶段的演变：

（1）1945—1960 年，农村金融的孕育期。20 世纪初期到 20 世纪 50 年代初，受战争的影响，韩国的农村金融发展非常缓慢。20 世纪 50 年代后期，随着国内局势的稳定，韩国政府开始聚焦农业的发展，着手整顿农村金融。这一时期，韩国政府完善了《农业银行法》等相关法律，建立了农业银行和专门负责提供农业器具和农产品销售的协同组合，将农业银行转变为特殊的政策性银行。在一系列改革措施推进后，服务于乡村发展的农村金融仍存在一系列的问题：农业银行无法解决供不应求的矛盾；农业生产效率低下的问题无法解决；农业协同组织无法得到充足的资金，与农业银行脱节严重。

（2）1961—1975 年，农村金融初步形成期。这一时期由于前一阶段遗留下来的一系列问题：农村金融系统极不完善，农村受自然灾害影响较大，生产存在季节性和周期性特点,农业收益低,导致农民生活很贫困,一般的银行普遍担心农民的偿债能力,所以不愿借贷给农民。许多农民为了维持生存,不得不依赖高利贷,整个农村经济处于贫困的状态。为此,1961年在韩国政府的领导下,旧农协组合和农业银行合并成为新的综合农协,并成立了信用事业部门专门负责农村的金融业,这是韩国农村金融发展史上的重要一步。20世纪70年代,经过10多年的发展,韩国农村金融发展取得了巨大的成效,农协单位形式的互助金融迅速发展,为农民的生产生活提供了大量的资金,有力地推动了农业与农村经济的发展。

(3)1976—1990年,组合金融成长期。这一时期全国性农协单位开始普及,互助金融迅速发展,农户对私债市场的依赖性逐年减弱。在发展方面,一方面为了满足农业贷款多元化的需求,这一时期韩国政府推进了农业开发政策,使农业政策金融的支持领域逐步实现多元化,并且专款专用,以防止农业贷款被挪作他用。另一方面,为了满足农业中长期发展资金的需求,促进农业部门的可持续发展,韩国政府开始扩大了农业开发资金的供给,并确立了中长期农业开发融资制度、简化了农户贷款程序、增设了农业基金、建立了农林水产业从业人员信用保证基金。这一时期,农户对私债市场的依赖程度由于国家对农业资金的供给大幅提高而减弱。但是农业金融的一系列政策之间依然是离散的,没有形成一个互相关联的整体,所以没有对乡村经济结构产生有利的影响。

(4)1991—1999年,农业政策性金融拓展期。这一时期韩国加入了"经济合作与发展组织",且随着世界贸易组织的体制转变,农业经营组织开始向专业化规模化发展,同时由土地集约型向资本密集型转变。加上1997年爆发的亚洲金融危机对农业经济造成了巨大的负面影响。农户的借款利息迅速增加,如果处理不当将会影响整个农村金融体系。针对这一情况,韩国政府采取了以下措施:一是提出1998—1999年到期的政策性贷款的偿还期限延长至2年;二是对无负债的农户实行贷款优先支持;三是引导农协和畜协下调利率;四是稳定农产品物价以保障农民收入,从而提高农户的偿债能力;五是改革农产品流通环节以提高农户的销售收入;六是改善政策资金制度,提高政策性金融的使用效率。

(5)2000年至今,农村金融稳步发展期。这一阶段韩国的农村金融依然包括农业政策性金融和互助金融两方面。韩国的农业金融政策具有政府支持力度大、操作复杂、支持项目多、管理难等特点。其资金的来源主要是政府、基金、金融机构等,其中政府支持占据了很大的比重,这也导致了其办事效率低下，农协互助金融具有贷款额度小、使用简便的特点，在活跃乡村金融市场、支持乡村发展方面发挥了很大的作用。总体来说，韩国的农村金融存在农协过于垄断、互助金融难以形成规模化的问题。

7.1.4.2 韩国农村金融支持乡村建设与发展现状

在实践过程中，农业政策金融在遏制私债市场和应对国际环境冲击方面都发挥了重要的作用，农协互助金融则进一步完善了韩国的农村金融系统。总结韩国的发展经验可以看到，韩国针对各个阶段出现的问题及时采取了相应的措施，从而使农村金融一直在乡村建设中发挥有效且及时的作用。下面分别介绍农业政策金融和农协互助金融在韩国乡村建设与发展中的实践。

（1）农业政策金融在韩国乡村建设与发展中的实践。在乡村建设过程中，为解决农民和有关企业的资金融通和农村保险等相关问题，韩国设立了农业政策性银行，通过向农民提供低于商业银行利率的贷款，为一些乡村建设中的相关项目提供资金融通，大大改善了农业资本结构，提高了农业生产率，促进了乡村振兴。同时，为改善农村的基础设施建设，韩国政府采取了直接投资的措施，且投资金额很大：在建设乡村运动的10年间，韩国政府对基础设施建设方面的财政支出达到27 521亿韩元。另外，韩国政府在乡村建设过程中，为解决农业贷款难、融资难的问题，设立了扶持贫困农民自立事业资金、新农村综合开发事业基金、农业开发资金、水利资金以及农村住宅资金等乡村建设的专项资金。

（2）农协互助金融在韩国乡村建设与发展中的实践。为了调配和提供乡村建设所需的资金，农协开设了银行业务、保险业务、信托业务、国际金融业务以及相互金融业务，其中相互金融业务以农民组合成员为对象，以贷款给农民来改善农民的生活和提高农业生产水平为目的。随着互助金融业务的开展，此举解决了大部分农民的贷款问题，吸引了众多农民的加入，成为农协众多金融业务中发展最快的一项，为促进乡村建设做出了重大贡献。

7.1.5 金融支持乡村建设的印度经验

印度在支持"三农"方面的做法较具借鉴意义。为降低高利贷在农村信贷中的比重，遏制高利贷蚕食农村经济，从20世纪60年代开始，印度实施了以推行现代农业技术为核心的绿色革命，并辅助以农业信贷、价格支持、农业保险等措施来支持农业的发展。

一是政策性金融体系。印度的政策性金融机构主要是印度农业和农村发展银行。作为最高一级的农村金融机构，其职责是通过提供不同期限的贷款为商业银行的农信活动提供融资，并监督和检查支农金融机构的工作、维护支农金融组织体系的健康运行。

二是商业性金融体系。印度的商业性金融机构与其他国家一样，主要由国内商业银行组成，是支农金融组织体系中的主要组成部分。商业银行参与农业生产的各个环节，主要是为农业企业提供资金融通服务。值得一提的是，虽然印度以法律的形式规定了商业银行在农村地区设立网点的数量和提供较低的涉农贷款优惠利率，但政府以补贴的形式弥补市场利率和优惠利率之间的差价，从而保障商业性金融盈利能力，在一定程度上保证了商业银行向农村投放信贷的积极性。

三是合作性金融体系。印度合作性质的信贷机构较为发达，主要有两类：一类是为农业生产企业、农民提供较为廉价的短期和中期贷款服务的信贷合作社；另一类是为农户提供较长期限贷款的土地开发银行。

四是地区农业银行。作为政策性银行的金融组织形式，地区农业银行设立的目的是实现金融普惠，且其普惠性主要体现在以极低的贷款利率向急需用钱的贫穷农民群体进行放贷，故其保障了贫穷农民金融的获得性。

五是农业保险体系。印度农业保险体系实行特殊的中央政府与邦政府两级责任分摊制度，且体系内的机构经营费用完全由国家承担，这一制度促进了农业保险体系的不断完善。

六是各种支农基金和适时的金融支农制度安排。在支持合作性金融发展方面，印度政府建立了各项保障基金，旨在提高涉农金融机构应对自然灾害等不可抗因素冲击的能力，促进了合作性金融体系的完善。

7.2 农村金融支持乡村振兴的国内经验借鉴

四川省成都市、黑龙江省安吉市、广东省广州市、广东省湛江市、江苏省东台市在农村金融支持乡村振兴方面取得了不俗的成绩，这五个城市位于中国的不同方位，它们的成功具有一定的代表性。下面分别对这些地区农村金融支持乡村振兴的具体实践经验进行分析。

7.2.1 四川省成都市农村金融支持乡村振兴的经验借鉴

深入学习贯彻习近平总书记对四川及成都工作系列重要指示精神，成都市把农村金融改革作为农村工作的重中之重。作为全国首个农村金融服务综合改革试点城市①，成都市深入推进了一系列农村金融体制机制创新，主要通过以下举措来支持乡村振兴。

7.2.1.1 农村产权制度改革的探索。

成都市构筑了现代农村金融的产权基础，通过"确权颁证、还权赋能"，基本完成了农村产权确权颁证，建立了现代农村产权制度，让农民享有了比较明晰、相对完整和可以流转的财产权利，为解决农村抵押品不足问题扫清了障碍。成都市的做法具体包括以下三个方面：

第一，成立成都市农村产权交易所②。通过这个交易平台，农民的土地承包经营权、林权、集体建设用地指标等均可以通过市场原则实现有序流转，实现了农村产权资产的价值发现和交易变现，便于金融机构处置不良农村信贷资产。

第二，成立农村产权资产收储公司。为了防范农村金融风险，提高农村产权流转效率，减少农村产权资产抵押监管成本，成都市于2016年组建了农村产权收储公司，专门收储、处理农村不良产权资产，为农村金融机构接受农村产权抵押资产提供了重要的制度与机构保障。

第三，成立农村产权维护法律援助中心。成都市成立该机构的主要目的是致力于疏通和解决农村产权纠纷，为涉农金融机构以及农民提供专业的法律援助。

成都市通过建设一套完整的农村产权体系，实现确权颁证、产权流转、法律援助全过程管理，有力地推动了农业的规模化经营和农村金融的快速发展。截至2017年年底，成都市实现土地适度规模经营率达60.8%，农村信贷发放实现了10%以上的增长③。

7.2.1.2 乡村金融服务的创新

四川省成都市在开展农村金融服务综合改革试点中，坚持问题导向，在全面完成农村产权确权颁证基础上，创立"农贷通"金融综合服务平台，以此为核心，逐步构建农村金融生态圈，打通了乡村金融服务"最后一公里"。成都市的具体措施有以下几个方面：

第一，构建完善的组织体系。成都市建立了联席会议制度，负责"农贷通"平台建设的组织领导，跟踪掌握工作开展情况，协调解决工作推进中的问题，及时总结推广好经验、好做法。联席会议由市政府分管领导任总召集

---

① 出自《成都市农村金融服务综合改革试点方案》。
② 出自《成都农村产权交易所组建方案》。
③ 出自中国统计信息网发布的《成都市2017年国民经济和社会发展统计公报》。

人，市政府协调处理农业农村工作副秘书长为副召集人，市农委、市发改委、市财政局、市国土局、市房管局、市水务局、市金融工作局、人行成都营管部、市金控集团、市农发投资公司等市级有关部门和单位为成员，办公室设在市农委。相关区（市、县）也建立了相应的工作制度，推动辖区内"农贷通"平台建设。

第二，建立统一的线上线下平台。"农贷通"线上系统具备涉农政策发布、数据汇集、报表统计展示、融资对接入口、贷款在线审批等核心功能。金融机构可自主在该平台上发布推广涉农金融产品，新型农业经营主体和农户注册后，可通过平台网站或手机 App 填报农业项目情况和资金需求信息。线下系统按照农村金融、农村产权交易、农村电商"三站合一"模式，实行"三块牌子、一套人马、一套硬件设施、一站式服务"，在全市乡（镇）科学规划 282 个乡（镇）金融综合服务中心和 2 710 个村级金融综合服务站。乡（镇）农村金融综合服务中心承担农村产权流转处置、农村电子商务、农村金融贷款和保险等供需信息汇集、融资审核相关职责。村级农村金融综合服务站设有便民取款设备，并聘请金融联络员负责产权交易登记、农产品信息发布及贷款信息收集，农民足不出村即可办理信息采集、融资对接、小额支付、跨行转账、便民缴费、农村电商等多项业务。

第三，集成优惠政策聚集金融机构。成都市政府设立了总规模超过 1.6 亿元的"农贷通"风险补偿基金，专门用于通过"农贷通"平台受理涉农贷款金融机构的风险分担，降低金融机构风险。通过整合人民银行的再贷款资金（约 8 亿元）、再贴现资金、政策性担保资金、投资资金，引导金融机构通过"农贷通"平台开展金融下乡支农，目前已吸引成都农商银行等 17 家银行机构和锦泰财产保险股份有限公司等 4 家保险公司进入"农贷通"平台。

从效果来看，"农贷通"平台于 2017 年 7 月 30 日正式上线。经过两年多的持续推动，目前已经有 86 家银行、保险公司、担保公司等金融机构入驻了"农贷通"平台，通过该平台展示的各类金融产品近 500 个。"农贷通"平台已收集融资需求 63.89 亿元，注册用户 8 600 余户，发放贷款 5 248 笔，共计38.19 亿元。

7.2.1.3 完善的农业保险保障机制

围绕农业生产经营的自然风险和市场风险，成都市开办了政策性农业保险22 种，其中用工意外保险、土地流转履约保险等多项保险品种为全国首创，农业保险深度和密度在中西部地区处于领先水平，极大地促进乡村金融和乡村经济的快速发展。

7.2.2 黑龙江省宁安市农村金融支持乡村振兴的经验借鉴

2017 年以来，黑龙江省宁安市结合本市农村经济发展实际，出台各种优惠政策，鼓励和引导辖区内金融机构拓宽信贷领域，创新信贷方式，积极支持全市乡村振兴。宁安市的具体做法包括以下几个方面：

（1）加大对新型农业经营主体的金融支持。在宁安土地没有确权的情况下，涉农金融机构加大信贷支持力度，对包括农业龙头企业在内的新型农业经营主体的贷款余额达到 6.3 亿元。其中种养殖大户贷款达到 1.1 亿元，支持种养殖大户 1 108 户，户均贷款 9.93 万元（邢亮亮 等，2017）。

（2）开办林权抵押业务。宁安市以林权抵押信贷方式支持林区经济发展，办理林权抵押贷款的借款人，是经工商行政管理机关或主管机关核准登记的企事业法人、国家规定可以作为借款人的其他经济组织和具有完全民事行为能力的自然人（含个体工商户）。借款人除应具备农业银行信贷管理制度规定的基本条件外，还应具有稳定的经营收入并且具备按期偿还贷款本息的能力。此举通过林权抵押信贷的方式，推动农民有效取得贷款支持进而做大做强。

（3）简化贷款手续，精准放贷。宁安市华兴水稻专业合作社因建设恒温储藏库需要，向农村信用社宁安联社提出绿色蔬菜项目贷款申请，经该社核实，贷款用途真实，立即开通绿色通道，简化贷款手续，在较短的时间内，向该合作社发放保证贷款 900 万元。建成后的 8 281 平方米保鲜恒温库可存储马铃薯 1 万吨，为合作社增产增收提供了有效信贷支持。

7.2.3 广东省广州市农村金融支持乡村振兴的经验借鉴

（1）O2O 整合农副产品促进销售。广州农商银行通过与京东集团联手搭建农副产品电子销售平台"太阳集市"并且推出了首个"O2O"体验农场，通过线上线下相结合的方式拓宽消费者对农副产品采购的渠道，并且建立公众号，因此农民在手机上就能了解最新的惠农政策。"太阳集市"拓展广州周边近 100 条村社的 150 款地标农产品、特色民宿，实现与 232 家农企农场等的合作。目前"太阳集市"初具规模，累计销售各类农产品共计 0.5 亿元①。

（2）积极推进普惠金融。2016 年 11 月广州市普惠金融协会，在广州市金融局和广州市民政局的共同支持和指导下成立，是由广州普惠金融行业相关机构法人及经济组织、社会团体或个人自愿组成的非营利性社会团体，致力于促

---

① 数据来源于珠江金融网。

进金融全面覆盖。截至 2019 年年末，全市共建农村金融服务站 238 家、社区金融服务站 591 家，农村和社区覆盖率分别达到 88% 和 29%。

（3）加大资金引导投入。充分发挥财政资金引导作用，吸引社会资本投入，成立了首支乡村振兴基金——乡村振兴产业基金①，通过政府引导及其民营企业加入的方式，促进金融资金加入乡村振兴的领域。产业基金总规模 50 亿元，已于 2018 年 7 月 25 日完成首轮 5 亿元募集工作。

7.2.4 江苏省东台市金融支持乡村建设的经验借鉴

江苏省东台市在进行乡村金融扶持时的一些做法具有很强的代表性和指导意义，具体来讲，江苏省东台市主要采取以下三种路径开展乡村金融扶持工作。

一是建立现代乡村金融体系。东台市的农村金融扶持建设经验表明，建立现代乡村金融体系对乡村振兴发展是至关重要的，政府必须在推动现代乡村金融体系的建设中承担起主导作用。只有这样，才能打造出政策性金融、商业性金融和合作型金融相互补充的乡村金融体系。首先，政策性金融机构应敢于担当，坚决贯彻落实政府对乡村的扶持和帮扶政策；其次，政府要通过制定降费减税补贴等政策，引导商业性金融回归乡村市场，并鼓励其因地制宜地研发适合农户和农村中小企业的微型金融服务产品；最后，政府监管部门要对农村资金互助社等新的农村合作性金融机构开展多方位的扶持和引导，加强监管和政策定向帮扶，促使其稳健成长。

二是金融监管部门出台了一系列金融扶农、惠农新政策。在乡村建设的过程中，江苏省和东台市两级银保监局积极贯彻落实国务院和银保监会政策，结合本地农村实际，颁发了乡村建设发展指导意见，鼓励金融资源向农村、农业和农民倾斜配置，出台了一系列金融扶农、惠农新政策，促进全市乡村建设发展。

三是建立地方特色银行，扩充金融机构载体，加强金融扶持乡村建设力度。近几年来，东台市地方金融机构依托本地经济发展，新型服务机构数量快速增加并向偏远乡村渗透，有力地推动了农村金融服务质量提升，成为该市金融扶持乡村建设的重要载体。

---

① 增城乡村振兴产业基金由政府引导资金与社会资本按 1∶1.5 的比例出资，旨在打造国有资本与民营资本混合发展的新典范。

7.2.5 广东省湛江市金融支持乡村振兴的经验借鉴

广东省湛江市金融监管和涉农金融机构对于该地区农村现代化发展起到了较为明显的推动作用，其中一些做法具有很强的指导意义。具体来讲，湛江市政府主要采用下面三条路径推动乡村振兴发展。

一是各大银行湛江市分行对于涉农贷款的投放力度加大，审核门槛降低，全面促进农业现代化发展。湛江南粤银行联合本地农村商业银行，通过对三农支持力度的提高促进了农业的发展。其主要做法有三点：首先，加强农村信贷环境建设，对用户的信用进行动态管理。如果用户信用良好，能够按时归还贷款本息，那么就降低其后续贷款的利率，增加贷款额度，并且简化贷款办理手续，让农户可以快速拿到资金，保证生产，按需消费。其次，制定相关办法，支持农业产业化发展。农村产业化是推动农村快速发展的一个最直接的手段。银行加强了对种植基地和养殖基地的贷款支持，向优质的农业企业发放担保贷款，让企业可以根据市场需求自主扩大生产。对于当地信用条件良好，还款能力强的龙头企业，还给予低利率长期限高额度的贷款服务。最后，完善服务功能，为新常态三农经济发展提供个性化需求服务。针对农村改造过程中存在的公寓式规划拆迁、改造以及小区建设，引入按揭付款等方式，帮助农民进入城镇化小区，并通过按揭的方式获得自己的新住房。

二是政策性银行积极拓宽业务领域，积极发挥支农作用。在支持社会主义新农村建设的实践中，政策性银行从两方面推动农村金融，支持农业发展，一是以支持社会主义新农村建设为投资方向，二是以项目为准，针对乡村建设项目，只要有一定的利润，并且有助于三农发展的项目都会及时发放贷款，在一定的情况下还会提高放款额度。主要的支持重点在于基础设施建设、农村社会发展、开发农产品资源等。

三是保险业支持乡村建设。中国人寿湛江分公司与该地区医疗机构合作实现合作医疗，正在摸索商业保险进入农村医疗保障体系的全新发展方式。以合作医疗保险的方式，在一定程度上对农民看病难、住院难的问题进行了解决，提高了新农村医疗对农民的吸引力，同时也提高了保险业务的发展。以制度为基础，在农村社会保障项目中进行资金与业务的运作，确保了该地区新型农村合作医疗在资金方面的可靠性。

7.3 国内外农村金融支持乡村振兴经验对重庆市的启示

根据以上各个国家及国内典型地区在金融支持乡村建设发展上的具体实践经验，著者结合重庆市实际，对重庆市金融支持乡村振兴提出以下建议。

7.3.1 加快健全农村金融服务供给体系

一要加强顶层设计，建立健全相关法律法规体系，明确金融机构尤其是涉农金融机构"服务三农"的职责定位；二要进一步健全农村金融服务供给体系，引导各类金融机构合理配置资源，更好地发挥金融资源在推动乡村振兴中的重要作用；三要推动政策性银行深化改革，促进其为农业和农村基础设施提供期限更长、利率更低的资金；四要及时补充农村商业银行资本金，通过优化内部治理，增强其服务农村经济的能力；五要支持和引导村镇银行、农村合作金融组织等小型金融机构健康发展，推动其立足本地、服务农户；六要规范发展农村地区小额贷款公司、民间融资等非正规金融机构，积极拓展农村地区融资渠道。

7.3.2 加大对农村金融发展的财政支持力度

农村金融高质量发展，离不开政府财政的大力支持。地方政府要综合运用税收减免、利息补贴等财税支持政策，建立健全金融支持农业发展的风险补偿机制，构建以激励为导向的政策体系。税收方面，地方政府可对涉农信贷达到一定比例的金融机构营业收入予以税收减免，鼓励金融机构加大相关领域的信贷投放；补偿机制方面，地方政府可设置风险补偿基金，对金融机构支农贷款不良率按一定比率给予风险补偿。为降低涉农主体融资成本，地方政府还可以采用财政贴息形式，给予涉农主体利息补贴等。

7.3.3 推动农村金融产品和服务创新

金融科技在打破信息壁垒、优化金融机构信贷流程等方面发挥着重要作用。在乡村振兴战略背景下，金融机构要主动拥抱金融科技变革，充分发挥现代科技优势，将金融与科技有机融合起来，通过研发契合农村生产经营状况、涉农主体资产情况、财务情况等特点的金融产品，更好地满足农民涉农贷款资金需求。要积极借助区块链、云计算、大数据等技术手段，提高自身金融服务的技术与数据应用能力，缩短涉农信贷投放链条，拓宽业务渠道，优化业务流程，进一步提升农村金融服务水平和效率。

7.3.4 加强农村抵押担保机制建设

由于农业生产经营特点等多方面原因，我国农村地区产权不够明晰，涉农主体普遍缺乏合格抵押物，致使金融机构普遍存在惧贷心理。为此，要尽快推广农村"两权"抵押贷款试点经验，加快修订相关法律法规，同时完善土地收储、估值、交易流转市场体系，全面盘活农村存量资产。要着力推进以政府及国有资金入股的政策性农业担保机构建设，扩大资金规模，提高担保能力，同时要大力发展民间商业性农业担保机构，作为政策性农业担保机构的补充，更好地满足农村金融需求。

7.3.5 推动农业保险市场高质量发展

要加快农业保险立法，加强农业保险法制建设，构建成熟的农业保险法律法规体系。要积极发展农业综合保险、农业特色保险，构建相互补充、多元化的农村保险服务体系。要加大政府财政投入，扩大农业保费补贴类别和规模，加快险种创新，提高农业保险的保障水平。要成立农业巨灾风险基金，支持开展再保险业务，建立健全风险分摊再保险机制。要加强保险宣传，切实提高农民投保意愿，提升农业保险的覆盖率。

7.3.6 重视农村金融生态环境建设

在农村地区深入开展金融知识普及活动，尤其是要加强金融法律的宣传教育，着力提高农户的金融素养、契约意识和法治观念。要拓展农村地区金融消费者权益保护渠道，探索多元化纠纷化解机制，切实保护农村居民金融消费权益。以农户和农村新型经营主体为主要对象，加快建立健全农村信用体系。强化打击逃废金融债协调机制作用，建立失信"黑名单"，加大对失信行为的惩戒力度。要建立跨部门纠纷协调机制，加大金融债权案件审理与执行力度，持续打造和谐有序的金融生态环境。

8 农村金融支持乡村振兴的长效机制构建

农村金融支持乡村振兴战略存在诸多问题：政府支持力度不够、金融机构未能满足农村需求、风险保障不足、产权配套有待改善、涉农企业带动能力不足、农户内生动力不足等。这些问题会导致农村落后、农业资金短缺。为了补救市场失效的部分和解决存在的问题，有必要采用诸如政府适当介入及借款人的组织化等非市场因素，特别是政府干预并出台政策深化农村金融改革，加大资本投入，促进产业振兴。在政策性干预和引导下，农村金融市场效率提高，经济得到发展，从而达到乡村振兴的良性循环。

8.1 构建农村金融支持乡村振兴长效机制的必要性

8.1.1 构建农村金融支持乡村振兴的长效机制是产业兴旺的需要

实施乡村振兴战略，重点在于农村产业兴旺。农村产业是否兴旺，重点在于是否有农村金融的支持。产业兴旺的主旨是构建现代农业体系，推进农村产业的发展。而目前现代农业体系急需多方力量来系统构建。绿色化、规模化、组织化等现代农业仍需农村金融来推动，解决现代化农业资金短缺、资金贵的难题。因此，在乡村振兴战略背景下，农村金融持续支持"三农"，一是要打造基础研发、仓储、加工、物流、营销等农业产业链新模式，提高农产品质量，从而能够让广大农户享受产业链增值红利；二是要有利于智慧农业、生态农业等农业科技示范基地的发展，实现农业科技与农村金融的深度融合。总之，乡村产业兴旺，需要将大量资金投入产业发展，而农村金融可以为农村产业提供源源不断的资金。

8.1.2 构建农村金融支持乡村振兴的长效机制是生态宜居的需要

实施乡村振兴战略，关键在于生态宜居。农村产业是否生态宜居，关键在于是否有农村金融的支持。随着《农村人居环境整治三年行动方案》的实施，我国农村生活污水处理情况大为改善，农村厕所得到改造，粪池得到处理，村容村貌显著提升。随着乡村振兴的不断深入，乡村生态有了改变，甚至有一些地方生态资源开始变得丰富，但是在乡村振兴政策利好的情况下，有些地方却未能把生态优势发挥出来。因此，构建农村金融长效机制，能够积极发展绿色金融，能够将更多金融资源配置到农村突出环境问题综合治理和提升生态经济发展这些薄弱环节和重点领域，为乡村实现生态宜居带来重要的资金支持。

8.1.3 构建农村金融支持乡村振兴的长效机制是乡风文明建设的需要

实施乡村振兴战略，乡风文明是保障。乡风文明是否有保障，关键在于是否有农村金融的支持。乡风文明的宗旨就是提升农民精神风貌，促进乡村精神文明建设发展。但从调研来看，农民的金融、农业、科技等知识比较匮乏，信用意识较差，亟须营造积极向上、你超我赶的文明乡风氛围。因此，农村金融支持乡村振兴战略，能够给广大农民提供培训，提升农民的素养，进一步深化乡风文明建设。

8.1.4 构建农村金融支持乡村振兴的长效机制是治理有效的需要

实施乡村振兴战略，治理有效是基础。目前，中国人民银行和金融机构正在大力宣传金融法律法规和风险防范知识，提升农民的信用意识和安全意识，从而构建农村信用体系。因此，农村金融能够为乡村治理提供重要的抓手，促进治理有效，从而完善现代化农村治理体制的建设。

8.1.5 构建农村金融支持乡村振兴的长效机制是实现生活富裕的需要

实施乡村振兴战略，生活富裕是重要目标。农民生活的富裕，关键在于农村金融的支持。一方面，农村金融能够提供资金支持推动第一、二、三产业融合，打造农业产业链，解决农民就业和收入问题；另一方面，农村金融能够运用"资金+电商"等模式，结合地区资源或产业特点，了解农民的实际生活生产情况，再结合金融机构提供的产品与服务，给农民精准提供产品与服务。因此，构建农村金融长效机制，将为乡村生活富裕打下坚实的基础。

8.2　农村金融支持乡村振兴的长效机制构建

农村金融支持乡村振兴战略的长效机制是响应国家乡村振兴战略的号召，是在政府政策引导、金融机构支持的大背景下，注重调动涉农企业的积极性，提升农户内生造血功能，确保农村金融内部运转和外部作用的长效机制。简单来说，农村金融支持乡村振兴的长效机制就是保证农村金融支持乡村振兴长期持续的稳定发展。农村金融支持乡村振兴是一项系统工程，从构成上看，包含政府支持机制、完善金融组织服务体制机制、保险保障机制、农村产权配套机制、农业企业带动机制和农户内生造血机制"六方"机制，即政府、金融机构、产权交易所、保险机构、涉农企业和农户"六方"系统。

政府分别对银行型金融机构、保险机构和产权交易所起到带头支持的作用。政府对银行机构方面，采用鼓励、补贴、引导的方式，鼓励和引导银行机构提供更多无担保抵押、低息的资金支持涉农企业和农户，同时，发挥财政补贴作用，对不良贷款进行一定程度的补贴，促使银行机构能积极地提供源源不断的资金供应涉农企业和农户。政府对保险机构方面，政府采用鼓励、补贴方式，让保险公司为贷款主体，特别是商业银行提供保证保险，一是有利于减轻商业银行的贷款风险，促进商业银行的积极性；二是真正发挥保险的增信作用，扩大保险机构的业务范围，促进保险与银行协同发展；三是有利于为农户贷款提供抵押物减负。政府对产权交易所方面，政府扶持或直接出资设立产权交易所，而产权交易所的功能是对农村产权确权、产权评估、产权流转等，解决了抵押物无法确定、评估和流转的问题，能促进农村存量资产交易，提高土地经营权、林权、农屋所有权的利用率，为盘活农村经济奠定了基础。而"六方"系统中的"涉农企业"和"农户"这两方是带动和投靠关系，相互促进，相互发展。涉农企业做大做强，带动农户致富；而农户力量薄弱，投靠涉农企业，农户得到发展，增加收入。

8.2.1　构建长效的政府支持机制，为乡村振兴提供政策保障

8.2.1.1　加快农村金融立法

我国现行的法律体系中，还没有一项法律和法规为农村金融的开展提供直接依据。因此，立法内容应涵盖政府在农村金融中的职责、农业保险保障、金融机构权利与义务、农户与涉农企业权利与义务、违法者责任追究等，通过对

农村金融的顶层设计，力求破解农村金融改革难题，完善农村金融供需体系，提升农村金融服务水平，推动农村金融支持乡村振兴持续健康发展。

8.2.1.2 加大信贷、财税和监管政策支持力度

一是货币信贷政策方面，切实加大农村信贷投入。政府应鼓励与支持农村金融机构进一步加大涉农信贷投放力度，重点加大对农村基础设施、农村公共事业等领域的信贷投入，加大对农业龙头企业、科技型农业企业的信贷支持力度。

二是财政税收方面，加大财政补贴和税收力度，提高补贴的总量水平和税收的优惠度。政府应将涉农贷款增量奖励政策覆盖范围，由目前的25个试点省扩大到全国，并将奖励范围由2%提升到3%；将农户小额贷款增值税减免范围扩大到新型农业经营主体贷款，标准由单户贷款10万元以下，扩大到50万元以下。

三是监管政策方面，首先，构建两条协作监管主线，一是央行和银保监会、证监会等中央部门顶层协作主线；二是中央和地方金融监管部门协作主线，两条主线协作分工，各司其职，避免监管空白，提升监管质效。其次，增加对商业性金融机构考核监督评价普惠金融所要求的覆盖率、可得性和满意度等指标体系、跟踪体系、评价体系、惩罚体系；强化对银行进行差异化考核，在利润目标、成本收入比、资金充足率、不良贷款率等指标考核中，适当考虑商业性银行开展普惠金融情况，实施差异化考核标准。最后，及时打击金融非法行为，运用监管利剑，纠正扰乱市场秩序的行为。

8.2.1.3 加强农村金融学习和宣传力度

调查显示，在216名新型农业经营主体的调查中，有75.6%的农民愿意参加金融学习，而不愿意参加学习的农民占了12.9%，主要是部分农民文化水平不高产生厌倦学习的心理。因此，政府要加强对农民金融学习培训和宣传力度。具体做法如下：一是坚持以人为本的服务"三农"的原则，依托政府和金融机构建立的金融服务站，采用通俗易懂、简单明了、经济实用的方式，广泛深入地开展普惠金融政策宣传。二是宣传内容要简明扼要。主要应普及银行存款、贷款和汇款等基础业务；农村金融的政策和农业保险的益处等。三是有效利用宣传途径。基层干部利用农村集市、集中召开村民大会等机会，入户上门等多渠道宣传农村普惠金融有关政策措施，确保政策惠农利农。

8.2.2 构建完善的金融服务机制，为乡村振兴提供金融多元化需求保障

8.2.2.1 完善金融服务组织体系及其协同机制

完善农村金融服务组织体系及其协同机制，应发挥政策性银行的引导作

用，商业银行的中坚力量，农村正规农村金融机构和非正规金融机构的补充作用，银行、保险和期货等机构的互补协同机制，具体内容如下：

一是农业发展银行发挥国家政策引导的作用，将更多资金投向农村基础设施、农业现代化机械科技、温室大棚等重大项目，通过发行农业金融债券或境内外融资途径，建立农业发展基金，拓展农业发展银行资金来源，规范国家对支农资金的管理，增加农业政策性贷款种类，把农业政策性金融机构办成真正服务于农村基础设施等公共物品和准公共物品投融资的银行。

二是农业银行立足"三农"的战略定位，加大对"三农"投资力度，继续拓展农村普惠金融服务的深度与广度，做好商业性银行的榜样作用。例如：农业龙头企业作为农村的佼佼者，生产规模比较大，利润水平高，担保条件也符合银行的要求，甚至有时候还能得到政府的隐性担保。因此，中国农业银行作为商业性银行在农村中实力最强的银行，应加大对农村龙头企业的全方面金融服务，包括信贷、票据、理财等业务服务，切实解决企业在金融领域的紧急问题，把中国农业银行办成乡村振兴的示范性综合服务金融机构。

三是农信社、农商银行作为农村金融的主力军，对乡村振兴的政策把握比较到位且对乡村金融现状了解比较深入，可根据不同地域进行本土化金融产品创新，满足涉农企业和农户对农村金融多元化需求。例如：调查显示，目前约70%的农户收入逐年增加，生活已奔小康，他们的借贷需求从单纯的农业生产扩大到生产、生活、消费、子女入学等领域，并且他们还款能力较强。农信社、农商银行应树立服务"三农"的宗旨，实现小额信贷的供给与中等收入农户、富裕型农户的有效对接，切实设计出多种创新型产品，扩大无抵押贷款的农户范围，根据农户经济实力采用等级方式确定农户的授信额度，提高贷款期限，不断增强对中等收入农户、富裕型农户的信贷支持力度。

四是大力支持村镇银行、小额信贷公司等农村准金融机构和非正规金融机构的发展，发挥其在乡村振兴中的有益补充作用。加大小型金融机构的税收优惠力度，扩大财政补贴范围，减轻小型金融机构的运营压力，以便小型金融机构充分利用其资金调拨比大型金融机构灵活简便等特点，进一步推动乡村产业的发展，促进农民增收。

五是除了完善银行性金融服务体系之外，还要加强银行、保险、期货、租赁、担保等行业的互补合作。从发达国家的经验来看，农村金融服务的协同化、综合化是普遍趋势，农村信用合作体系往往提供覆盖信贷、保险等领域的综合服务。在我国分业监管体系下，信贷与保险、期货领域加强互补协同，有助于改进风险监控。随着金融科技的发展，农村金融面临新的发展契机，信息化、大数据、互联网、云计算、人工智能、移动通信等技术交叉融合，有效提高了农村金融服务的成本效率，也为进一步改善风控提供了可能。其中金融科技通过客户共享、优势互补、流程对接为银行、保险、期货等行业实现风险对冲，为合作共赢提供了新的条件，尤其是提供了协同的技术支撑。

8.2.2.2 充分依靠科技支持，提高普惠金融服务效率

一是降低成本。金融机构要积极拥抱智能化的信息技术、大数据技术，把能交给技术的人工环节逐步取消，降低营业网点租金成本和人工成本，提高普惠金融服务能力。目前，从日本、美国和德国的普惠金融来看，用技术改造金融将成为趋势，有助于进一步降低普惠金融服务的交易成本。

二是控制风险。普惠金融业务的客户都是低收入弱势群体，收入偏低且不稳定，抗风险能力弱，在央行征信系统中征信信息缺乏，属于传统金融服务排斥对象。若是依靠区（市、县）金融办工作人员逐一敲门采集信息，不仅效率低下，还存在信息采集不完整，有漏洞的问题。因此，采用智能化的信息技术、大数据技术方式，既能将计算机模型引入客户信用评估环节，提高准确性，也可以通过互联网进行高效率采集，处理更多的与客户信用相关的信息。例如，把网络购物、互联网贷款、水电交费、物业管理费等数据引入征信系统，能更加深入细致地分析客户的还款能力和意愿。总之，银行机构要善于运用智能化、信息化等技术来提高金融机构的风险控制。

三是拓展服务覆盖面。金融机构积极探索云计算、大数据风控、生物识别、人工智能等数字技术在农村数字普惠金融中的深度运用，特别是利用生物识别技术开展远程开户试点，解决农村"最后一公里"的难题。事实上生物识别技术准确率早已超越人员，人脸识别技术已远远高于人类肉眼识别（97.52%）的水平。从国际情况来看，美国、欧洲、日本都允许银行通过远程开户为客户提供完整的金融服务，多年以来运行稳定。借鉴国际经验完善提升远程开户的账户功能，让"三农"用户能够得到和城市居民一样的普惠金融服务，从而提高普惠金融服务覆盖面。

四是创新产品服务。农村普惠金融服务的机制和模式都与传统立足于城市的金融服务有根本不同。例如，因不可抗力影响，如本次新冠病毒疫情影响到农户的复工复产，金融机构应该结合当地的实际情况，研发有针对性的普惠金融服务产品，妥善解决其中的诸多难点问题。实际上要进行产品创新服务，采用智能化技术手段尤为关键。例如，金融机构根据地方特色，开发小而美的产品满足普惠金融需求，从而实现产品立足实际情况的创新。

总之，不管大型银行还是小型银行，都要充分依靠科技，提高普惠金融服

务效率，从而更好地促进农村金融服务乡村振兴战略。

8.2.3 构建长效风险保障机制，为乡村振兴提供风险防控保障

8.2.3.1 加快农业保险立法，完善多元化的保障机制

日本、美国和德国等发达国家特别重视对农业保险的立法工作，而我国目前只有《农业保险条例》，农业保险相关法律待完善。所以，我国应加快农业保险立法，完善多层次农业保险制度，如政策性农业保险的大力发展，商业农业保险加大支农力度和动用社会力量发展农业保险，只有这样，才能防范农村金融风险，完善多元化的保障机制。总体来看，在乡村振兴背景下对农业保险立法势在必行。

8.2.3.2 促进信贷与保险业务对接，形成风险分担机制

银行业金融机构出现不敢贷、不愿贷给涉农企业和农户的现象的原因主要是担心出现信贷风险。因此，在信贷方面，保险公司开展信贷保险产品和服务费方式创新，有助于降低银行业金融机构风险，同时，也扩大了保险公司的业务范围。同时，银行业金融机构也要加强与保险公司的联系与合作，支持涉农保险贷，积极发展银行与保险公司相互配合的农村金融共同体，共同分担乡村振兴中有可能出现的风险问题，为乡村振兴提供坚实的后盾。

8.2.3.3 加大政府对农业保险的补贴和税收优惠力度

当前，受新冠病毒疫情影响，政府更需要完善支持农业保险的优惠政策。一是完善农业保险财政补贴政策。政府应遵循循序渐进和量力而行的原则，逐步加大农业保险的补贴力度，特别要增加对相应区（市、县）的财政补贴力度。同时，鼓励各地财政根据当地实际情况，扩大对特色经济作物、高科技饲养等能带动就业的项目保费补贴。二是在税收优惠政策上，政府应继续减免农业保险业务的增值税和印花税，并对农业保险业务所得税给予减免，结合税制改革进一步完善我国政策性农业保险的税收政策。政府应依据保险自身的运营规律，积极探索建立巨灾风险分散机制，并通过再保险来分散农业天灾人祸的风险。

8.2.3.4 加强对农业保险的宣传

农民购买农业保险的意愿低的原因在于农民收入低以及对农业保险认识不到位。加强农业保险的宣传和提高农民的收入，健全农业风险补偿机制，有助于提高农民对保险的认识，促进农业保险的发展。

8.2.4 构建农村产权运作机制，为乡村振兴提供完善的配套设施保障

农村产权运作机制主要包括三个环节：农村产权确权、产权评估、产权担

保流转。做好这二个环节的运作，就能为建立起现代化农村产权制度打下坚实基础。

8.2.4.1 构建完善的农村产权确权机制

根据农户提出的农村资产确权书面申请，以村或村民合作小组为单位对农户土地经营权、农牧业产权，林权、房屋产权等进行确权，确定村组之间、农户之间的产权权属关系；二是按照"权属明确，数据准确，标的清楚"的要求，以村为单位进行公示，接受群众监督；三是对农村产权逐户进行登记审核，农牧权、林权根据年度组织验收的资料登记审核，房屋产权根据规划设计、施工图纸登记审核，土地经营权权属清楚的直接登记审核，权属有异议的，勘清地界，重新认定后登记；四是根据主管部门登记审核意见，给农户和经营户发放证书等；五是相关部门对农户土地经营权、农牧业产权、林权房屋产权等所有资料登记造册，整理归档，建立电子信息档案，对已登记产权的流转交易抵押等事件进行备案管理。

8.2.4.2 构建完善的农村产权评估机制

在农村产权确权的基础上，完善农村产权评估机制。一是政府要出台相应的评估条例以及评估工作流程和细则；二是综合考量土地承包权、林权、房屋产权等受周边区位、未来升值空间的影响，制定一个产权的基准价，以方便商业银行等金融机构做参考；三是政府对公布产权评估价格，为农村产权的价格评估做背书。

8.2.4.3 构建完善的农村产权担保流转机制

在农村产权确权、评估的基础上，要构建起农村产权担保流转机制，需要设立一个由政府牵头的农村产权交易中心，大力发展中介服务，特别是农村土地使用权抵押担保，农业生物资产（包括农作物收获权、动物活体等）、农业知识产权和专利、大型农业设施、设备抵押担保等新型农村贷款抵押担保方式，降低农贷抵押担保限制性门槛，促进产权的抵押、流转业务发展，为金融机构和需要贷款的涉农企业和农户搭建起抵押融资的桥梁，解决商业银行不想贷、不敢贷的问题和涉农企业和农户贷款难的问题，从而促进农村金融供需良性发展，完善农村金融支持乡村振兴的配套政策。

8.2.5 构建涉农企业带动机制，为乡村振兴提供农业产业化保障

8.2.5.1 扩宽企业融资渠道，解决融资渠道窄的问题

涉农企业实力的强弱，决定了融资渠道的宽窄。一是政府要加大差异化政策扶持力度。初创期和求生存期；企业实力本身比较弱，给予更多的政策补

贴，支持企业规范化发展；扩张期、成熟期；企业实力较强，除了资金支持外，还需要引导企业通过收购、控股的方式，构建绿色上中下游产业链体系，推动农业生产经营专业化、标准化、规模化、集约化发展。二是农村金融机构对于初创期和求生存期涉农企业要创新金融产品和服务方式，提供更多信用贷款，解决贷款难的最后一百米问题；对于扩张期、成熟期企业，农村金融机构应加大资金供给力度，促进企业做大做强，打造以龙头企业为核心的现代化产业集团。三是发展专门服务于城乡社区的微型金融机构，如公益性小额信贷机构，小额贷款公司，村镇银行等，让这些机构可以服务小农户，新型农业经营主体，城乡创业人员和小微企业。总之，政府、农村金融机构两者形成合力，共同解决涉农企业融资渠道窄的问题。

8.2.5.2 建立紧密型利益连接机制，带动农户致富

一是涉农企业，特别是扩张期、成熟期企业生产规模较大，创造就业岗位较多，可以积极发展"龙头企业+基地+农户""企业+科研院校+农户""企业+农村合作社+农户"等多种新型农业组织，紧密与农户利益捆绑在一起，带动农户致富。二是涉农企业要积极与科研院所和大专院校合作，利用科研院校研发具有市场前景的农产品，同时，利用科研院校教书育人的功能，培训农户技术与标准化流程。三是涉农企业，特别是龙头企业主动为其上中下游产业链企业、农户、家庭农场提供担保，为其解决企业担保难的问题。

8.2.6 构建农户内生造血机制，为乡村振兴提供内生动力保障

8.2.6.1 引导农户规模化生产，做大做强农业

不同农户内生造血的途径各不相同。通过政府资金引导农户克服生活上的困难，还要协助农户进行农业生产经营活动，从而达到增收的结果；中等收入农户本身有自有资金，有一定经济实力，适当引导中等收入农户转变经营思路，向小规模经营发展。

8.2.6.2 提高自身金融知识水平，重视个人信用积累

总而言之，对于农户而言，加强自身金融知识学习尤为重要。一是学习银行的信贷产品、流程、借款条件、利率，学习农业保险产品，学习担保、抵押知识等，提高自身金融知识。二是学习信用知识，自觉配合区（市、县）金融办工作人员采集信用信息，提高个人信用。通过自身对金融知识的学习，无形中提高了金融机构支持乡村振兴的效率。

9　农村金融支持乡村振兴的优化路径

金融机构作为重庆市乡村振兴金融服务的具体提供者，对提升乡村振兴金融服务效率、效能具有决定作用。在金融机构支持乡村振兴的过程中，需要银行、担保、保险、基金等多元化的金融机构协同参与，参与的具体路径包括建立乡村金融服务事业部制、乡村金融产品与服务流程优化、加强金融与科技的协作、建立科技创业金融服务体系、推行乡村产权抵押贷款、开展乡村普惠金融服务、提供区域产业差异化金融服务、加强乡村金融风险的内部管控模式的创新等。

9.1　建立乡村振兴金融服务事业部制

（1）实施乡村振兴战略是当前重庆市促进现代农业、美丽乡村、农民增收等多重目标有机融合的重要抓手，金融机构要支持农业农村发展，理应承担起服务乡村的社会责任。因此，不论是政策性金融机构，还是商业性、合作性金融机构；不论是银行、担保、小额贷款等信贷金融机构，还是保险、基金等风险保障和投资机构，尤其是在涉农金融市场占重要份额的中国农业发展银行、中国农业银行、农村商业银行、村镇银行，都应该积极成立乡村振兴金融服务事业部，打造专门化和具有针对性的金融服务平台，实行专人负责、专门核算、专门管理、专门的风险处置，提高金融服务重庆市乡村振兴的专业水平和服务效率。

（2）结合重庆市乡村振兴的金融服务着力点，在乡村振兴金融服务事业部的基础上，金融机构应下设乡村振兴金融服务的科技创业板块、特色产业品牌建设板块、产业融合发展板块、乡村基础建设投资板块、美丽乡村建设投资板块，分别聚焦金融服务乡村振兴的各个着力点，配置各领域的客户经理，开发专属金融服务模式和产品，力求乡村振兴金融服务领域精准化和便捷化，为乡村振兴构建高效的融资和风险保障环境。

9.2 加快乡村金融产品与服务流程创新

受制于重庆市乡村振兴的金融需求主体金融素养与信用禀赋较低、金融供给主体逐利性和安全性要求较强，重庆市乡村金融市场供需对接效率较低，突出表现为金融产品数量不足和服务流程冗长。因此在乡村振兴背景下，重庆市涉农金融机构需要适应不断变化的金融需求，加快乡村信贷、保险等金融产品和服务流程的创新。

9.2.1 加快乡村信贷和保险产品的创新

在当前并不完善的乡村金融市场中，重庆市主要通过信贷和保险途径满足农户或新型农业经营主体的融资和风险保障需求。在不断增长的乡村振兴金融需求下，重庆市不仅需要创新乡村信贷和保险产品，还需要创新"信贷+保险"联合体产品。

9.2.1.1 乡村信贷服务产品创新

随着重庆市乡村振兴产业融合和供应链的形成和发展，银行机构首先应高度重视对涉农产业链和龙头企业等优质客户群的开发，打通产业链，挖掘涉农核心企业上下游农业经营主体，加强对物流、信息流、资金流的控制。在此基础上，银行等信贷机构应创新开展集中连片的"1+N"信贷模式①，积极推广试点"农业龙头企业+农户+信贷"或"专业合作社+农户+信贷"等"合力贷"产品②，对收益稳定的优质农业企业试点探索"投贷联动"服务和循环农

---

① "1+N"信贷模式中，"1"是指农业产业链中的农业龙头企业、专业合作社、村集体经济组织或专业市场；"N"是指分散的农户和企业个体经营者。例如浙江长兴农商银行围绕龙头企业、产业集聚区村集体组织进行"批发式"集中授信。该模式对产业链上下游企业、农户进行批量营销，引入信用激励机制后，可以发挥连片农户之间知根知底的信息优势，降低交易成本和经营风险。

② 例如浙江长兴农商银行的"合力贷"产品，以农业龙头企业、农民专业合作社为切入点，产业链成员共同出资成立担保基金，与核心企业共同组成担保，最高融资额度为担保基金的10倍，为产业链中的成员提供信贷支持，支持其进行农业生产经营。

业贷款模式①，进而帮助优质企业获得更多的信贷资金，促进农业产业与金融业深度融合。

9.2.1.2 乡村保险服务产品创新

针对当前重庆市乡村振兴中保险覆盖面窄、"种强养弱"的格局，保险机构应加快开发面向重庆市乡村振兴的专属农业保险产品，基于物化成本和地租成本等因素，适度提高农业保险保额和赔付金，积极开发推广保价格、保收入的农业指数保险（如价格指数保险、气象指数保险、收益指数保险）②、农房保险、设施农业保险、农机具保险和特色农险产品，开发农业产业链、流通领域、农产品质量及价格风险的险种，加快创新新型农业经营主体信贷保证保险，积极推广农机互助保险，逐步扩大农业大灾保险、完全成本保险和收入保险试点范围，推动成本保险向真正的产量保险和收入保险过渡，实现农业保险产品的升级换代。

9.2.1.3 "信贷+保险"联合服务产品创新

众所周知，农业生产具有高风险性，外加专业技术的特殊性，对风险控制有高要求的信贷机构来说，对农业的资金支持存在普遍的排斥现象，而"信贷+保险"组合的服务产品，通过构建银行和保险的协同支持模式，不仅是推动乡村经济发展的重要举措，也是金融支持重庆乡村振兴中的风险共担的具体体现。一方面，银行等信贷机构可开通新型农业经营主体的保单质押，丰富新型农业经营主体的融资途径；另一方面，农业保险机构可以开发乡村振兴信贷项目的资金风险保障保险产品，一旦放贷资金产生不良，保险机构能够主动分担风险以减轻信贷机构的资金压力。

9.2.2 优化乡村金融服务的流程

鉴于乡村信贷服务和保险服务的需求满足点各不相同，信贷机构和保险机构的服务流程优化的侧重点亦有所差异。

（1）乡村信贷服务流程应简单化和便捷化。银行、担保等信贷机构应按

---

① 循环农业贷款模式是指借款人以自然人的名义在银行申请一定的授信额度和授信期限，在授信额度和授信期限之内可随借随还，循环使用的一种贷款操作模式。该模式具有"集中评定、一次登记、余额控制、周转使用"的特点，适用于在将来的一个时间段内现金流不能确定或不固定的借款人，具有手续简便，流程较少，交易成本较低的特点（Zeller，2006），但借款人自主确定还款，风险较大，需要做好担保和保险准备。

② 农业指数保险是一种不基于被保险人的实际损失，而是基于预先设定的外在参数是否达到触发值而决定赔偿与否的风险转移工具（马改艳等，2015）。其发展的关键在于要依靠复杂的技术手段积累多年的基础数据，并选择好指数和触发值。

照乡村振兴贷款项目生产周期和信用状况，合理确定贷款的额度、利率和期限，鼓励开展与农业生产经营周期相匹配的流动资金贷款和中长期贷款等业务。在商业可持续的基础上简化放款程序，银行、担保等信贷机构缩短审批时间，适度放宽基层行贷款审批权限，按照抵押贷款额度逐步下放审批权限到区县支行，增强服务重庆市乡村振兴的信贷服务弹性，推动分支机构尤其是县域存贷比偏低的分支机构加大涉农信贷投放。

（2）保险服务流程优化应分为两个方面，即投保流程精简化，理赔流程精准化。在投保前期，保险机构积极主动提供投保品种、投保金额、投保费用、投保期限等一站式保险服务；在理赔期间，保险机构应确保查勘定损工作做精、做细、做专，逐步把灾害风险分散到定责、查勘、定损、理算、核赔和自救过程中，惠及乡村振兴的新型农业经营主体，实现农业灾害风险损失最小化。

9.3 建立金融与科技联合支持乡村振兴的机制

重庆市现代农业的转型升级关键是农业科技在农业生产中的广泛推广和使用，农业科技是重庆市农业现代化和乡村振兴的加速器。而金融支持乡村振兴，需要农业科技进行有效配合，以实现重庆市乡村振兴的加速推进。

9.3.1 金融联合科技协同支持重庆市乡村振兴

根据重庆市科技投入领域和阶段不同，金融与科技合作支持乡村振兴的途径迥异。

（1）针对农村公共科技服务供给，开发性、政策性金融机构应强化服务农业科技建设的职能，积极满足农田水利、农业科技研发、高端农机装备制造、农产品加工、智慧农业产品技术研发推广、农产品冷链仓储物流及烘干等现代农业重点领域的合理融资需求，加大对高标准农田建设和农村土地整治的信贷支持力度，推进农业科技与资本有效对接，提升现代农业科技装备基础水平。

（2）针对农业科技企业培育，银行、基金、证券等金融机构应分阶段逐层参与。在企业科技研发阶段，银行等机构应积极主动提供低成本的研发企业资金；在企业科技转化阶段，风险投资或私募股权基金等机构应积极主动促使科技成果与市场需求对接；在企业科技成熟阶段，基金、证券等投行机构应积极帮助其深挖农业创业板融资潜力，促进农业科技企业去创业板融资。只有通过健全完整的科技金融服务链条，才能确保农业科技在重庆市乡村振兴中的可持续投入，进而加速重庆市乡村振兴的农业农村现代化进程。

（3）在信贷支持乡村产业经营主体中，金融机构应该将科技要素作为信贷发放的重要因素加以考虑。对于有先进科技作为支撑的乡村产业经营主体，可以考虑加大授信力度；对于缺乏技术支持的乡村产业经营主体，通过建立金融机构与科研转化机构的合作关系，通过技术成果的转化和金融的协同支持，确保通过科技提高金融资金的使用效率和效益，防范和降低产业运行中的金融风险。

9.3.2　利用科技改善乡村金融服务

要推动金融更好地服务乡村振兴，需要借助现代信息技术、支付技术和互联网技术改造金融服务，提高金融服务的覆盖面和运行效率。具体说来，主要包括以下两个方面：

（1）线下传统银行等金融机构应该加快信息技术、网络技术、大数据技术、区块链技术在农业信息数据库建设、信用评级、产品设计与定价领域的运用，提高金融服务信息技术装备水平，提高涉农信贷风险的识别、监控、预警和处置水平，弥补传统金融服务信息严重不对称的约束，增强涉农金融机构在乡村振兴中的金融服务效率。

（2）线上金融机构需要进一步积极开发移动互联网信贷模式或成立"重庆乡村振兴互联网信贷公司"，开发线上农业保险、乡村振兴贷款等多种互联网金融服务模式，同时搭建覆盖"县、乡（镇）、行政村（社区）"三级金融电商服务网络，积极探索联合经营模式，主要吸引农产品品牌、农业龙头企业入驻，将产业链金融服务与社区O2O、电子商务等相结合，鼓励金融机构开发针对农村电商的专属贷款产品和小额支付结算功能，打通农村电商资金链条，支持乡村振兴的电商产业快速发展。

9.4　大力开展乡村科技创业的金融服务

支持进城务工人员和城市资本返乡下乡创新创业，是促进重庆市乡村振兴的重要途径。处于创新创业阶段的涉农企业不仅要推动科技创新，而且需要将创新成果通过创业转化为农村生产过程，这无疑是最为困难的，迫切需要金融机构提供先导性的资本支持和风险管理服务。建议金融机构从以下几个方面支持乡村科技创新创业服务：

（1）中国农业发展银行等政策性金融机构应加强对乡村基础设施建设的金融支持，积极配合财政投资加强政策性信贷投入，促进乡村准公共产品和服务的有效供给，为乡村振兴创造良好的公共基础条件。

（2）银行、担保等金融机构应主动介入农业企业和农业科技院所、高校等研发机构的对接平台，开发技术专利、农用器械等农业技术融资产品，重点为技术型企业提供创业启动资金。

（3）涉农金融机构应在风险可控的情况下，积极响应国家农村科技创业的政策引导，加强乡村科技创业的信贷产品开发，通过"财政+科技+银行+担保+企业+创业农户"形成组合支持模式，积极挖掘进城务工人员返乡创业、城市资本下乡创业，鼓励有实力、有经验、有资金、有好项目的企业或人才借助农业科技机构的对接，为其乡村科技创业提供全方位的支持。

（4）应积极推动乡村科技创业的私募股权、风险投资筹资机制，鼓励私募股权基金和风险投资机构积极参与乡村振兴，接洽有实力的农业科技初创公司，借助其市场化经营管理经验和模式，培育和帮助重庆市农业科技型企业茁壮成长。

9.5 积极推行农村产权抵押贷款服务

重庆市乡村振兴中的金融需求必然存在规模大、周期长、需求具有多样性的特点，金融机构应提供更加灵活多样的信贷产品体系，创新抵押担保融资方式。

（1）信贷机构应在积极推广原有的土地经营权抵押、林权抵押、农房宅基地抵押的基础上，结合宅基地"三权分置"改革试点，稳妥开展农民住房财产权抵押贷款业务，推动集体经营性建设用地使用权、集体资产股份等依法合规予以抵押，促进农村土地资产和金融资源的有机衔接。信贷机构应结合农村集体经济组织登记赋码工作，加大对具有独立法人地位、集体资产清晰、现金流稳定的集体经济组织的金融支持力度。信贷机构应根据乡村现有资产情况，主动研发生物资产抵押、集体资产产权抵押、厂房生产设备抵押、大型农机具抵押、农产品收益权抵押、动产质押、订单质押、应收账款质押、农业保单质押、农产品仓单质押、农业技术专利质押、龙头企业担保、国家财政补贴资金担保等抵质押担保贷款（统称"农权贷"），盘活农村产权资产，创新供应链金融贷款品种，切实解决乡村振兴中新型农业经营主体抵押融资难的问题。

（2）针对农村产权资产不易变现的难题，政府应积极成立重庆农村产权资产收处公司，一旦涉农金融机构产生不良贷款，可由农村资产收处公司集中按照政策规定流转以及申请财政补贴，从而解决银行业金融机构服务乡村振兴的后顾之忧，提高信贷融资在重庆市乡村振兴中的参与度和效率。

9.6 提供差异化金融服务

由于重庆市存在显著的地域差异，山地、平坝、丘陵地形兼具，各地农业资源禀赋不同，由此带来重庆市乡村振兴发展各区域产业各具特色，因而各金融机构应采取差异化金融服务模式，通过差异化的金融服务，既能够集中力量推动重庆市支柱产业的成长和发展，又能将重庆市乡村振兴的"一村一品"任务落到实处。

（1）针对重庆主城地区乡村振兴的金融服务，重点应落脚到支持城区周边休闲观光农业、乡村亲子旅游农业、加工销售农业、花木园林产业等产业发展，积极提供两权抵押贷款、供应链金融服务。

（2）针对近邻重庆主城区大市场而农业发展基础较好的渝西片区，重点支持江津富硒农产品和柑橘产业、永川竹笋茶叶产业、荣昌养殖产业、铜梁潼南大足等蔬菜基地的生产与发展，积极推动农房、农地两权抵押贷款，开发生物资产抵押贷款、供应链金融产品，加快农业保险和银行信贷产品的协调配合，形成财政、银行、担保和保险联合支持的机制。

（3）针对渝东北片区，不仅要大力支持垫江、梁平、长寿的基础粮食作物的生产，要重点支持长江经济带的柑橘产业、涪陵榨菜产业、蔬菜基地、城口腊肉、牛羊等养殖加工产业，还要积极给予中药材种植、花卉培育、水产养殖等金融支持，应根据这些地区的农业发展和风险特征，积极推动农地、林权、农房抵押贷款，开发生物资产贷款，推广仓单质押、订单质押等供应链金融产品。

（4）针对渝东南片区丰富的乡村旅游资源，金融机构应加强和完善武隆仙女山、石柱黄水、酉阳桃花源等地的基础设施、休闲民宿、乡村娱乐餐饮的旅游产业支持，为黔江、彭水、秀山、武隆、石柱等地区提供包括三权抵押贷款、基础设施贷款、农业保险等各种形式的组合产品，探索对特色支柱产业的有效支持模式。

9.7 积极探索符合乡村特征的金融风险管控模式

不同于城市金融的市场风险突出，乡村金融市场自然风险、市场风险、技术风险和信用风险并存。为确保重庆市乡村振兴的资金安全和可持续循环贷款，各金融机构应加大合作范围和合作力度，建立事前风险甄别和分析评估系统，以及事后不良资产处置系统。金融监管部门积极开展金融机构服务乡村振兴考核评估。

（1）银行、担保、保险等金融机构应积极成立"支持重庆乡村振兴"的协作网络，建立完善的风险内控制度，提高各类金融机构内控人员的规范管理与监督水平。

（2）金融机构应加强对乡村产业经营主体的信用评估，对乡村振兴项目确定等级划分，提高乡村振兴融资项目的风险甄别和评估水平。

（3）协作金融机构按照"风险共担"的原则划分失损责任，自然风险主要由保险机构承担；市场风险主要由银行和担保机构按照5∶5或6∶4的比例合理分担；技术风险由放贷机构自主承担；信用风险由各金融机构共同承担，从而形成多元化金融风险管控体系。

（4）金融监管部门积极开展金融机构服务乡村振兴考核评估。根据乡村振兴战略目标，加强乡村振兴领域贷款监测，在完善新型农业经营主体认定标准的基础上，探索建立家庭农场、农民合作社等新型农业经营主体贷款统计，及时、动态跟踪金融机构服务乡村振兴的工作进展。建立金融机构服务乡村振兴考核评估制度，从定性指标和定量指标两大方面对金融机构进行评估，定期通报评估结果，并作为实施货币政策、金融市场业务准入、开展宏观审慎评估、差别化监管、财政支持等工作的重要参考依据。

10 农村金融支持乡村振兴的政策保障

由于乡村振兴实施中客观面临巨大的自然和市场风险，金融服务经营成本高、风险大，规模化程度低，这在一定程度上降低了金融机构支持乡村振兴的主动性和积极性，为了引导金融机构积极支持乡村振兴，需要政府和金融政策部门设计有效的政策和制度等激励约束机制，为金融机构支持乡村振兴提供必要的成本和风险补偿，并构建有效的合作支持机制，扫清金融服务的制度和法律障碍。本章就将从政府的角度对政策和制度创新提出有益的建议。

10.1 发展高品质乡村产业经营主体，培育金融需求

10.1.1 提升乡村产业主体数量和质量，激活金融需求

（1）提升乡村产业经营体系经营管理能力，增强农业项目可持续盈利的收益预期，培育有效金融需求。一是加快培育新型农业经营主体，因地制宜地推进农业生产经营规模化、组织化、企业化，培育富有特色的现代农业生产、经营和服务体系，在全市推广农业生产全程社会化服务，增加乡村产业经营主体数量；二是引导乡村产业经营主体负责人积极参与有政府资助的新型职业农民和农业职业经理人的培训，推动科技下乡，以乡镇为单位主办现代农业科技支撑的乡村振兴讲习所，让乡村产业经营主体主动学习和获取现代农业企业经营管理所需的专业知识、农业技术和经管技能，努力提升自身的经营管理与市场驾驭能力，有效提升乡村产业经营主体的发展质量；三是选择好的现代农业经营项目，以有广阔市场前景和稳定收益预期的项目为载体，加强与农民专业合作社、大型农产品加工企业、大型超市等加工、服务、市场端对接，降低资金周转风险和经营成本，提高乡村产业经营主体有效金融需求，提升农业项目

可持续盈利能力和水平，增强乡村产业经营体系的债务偿还能力和对金融机构的吸引力。

（2）加强财务信息化建设，降低金融机构与乡村产业经营体系间的信息不对称程度。健全的公司治理机制和规范的财务核算制度是金融机构授信的基本条件。因此，要培育乡村产业经营体系的有效金融需求，需要加强对创业期的乡村产业经营体系规范的公司治理机制、财务核算与报表制度的培训和辅导，政府应督促乡村产业经营主体建立规范化的财务核算与监督制度，以使乡村产业经营体系在融资时有标准的财务报表可以提供，从而为金融机构获取必要的财务信息提供制度保障，降低乡村产业经营体系与金融机构之间的信息不对称所引发的道德风险和逆向选择。

10.1.2 加强乡村金融知识教育和金融供需对接平台建设

（1）加强乡村产业经营主体金融知识教育，提高金融需求转化为实际融资行为的能力。乡村产业经营主体的文化程度较低，金融知识和风险管理意识严重缺乏，在很大程度上制约了乡村实际的融资行为。为了改变乡村产业经营主体金融知识匮乏的局面，建议金融机构深入开展"金惠工程""金融知识普及月"等金融知识普及活动，实现农村地区金融宣传教育全覆盖。联合乡（镇）政府，定期举办乡村产业经营主体金融知识讲座和专题培训，聘请金融专家或金融实务部门人员专题讲授金融支农政策、信贷担保和农业保险等金融知识，宣传现代金融技术（包括移动互联网金融技术），讲授融资和购买农业保险申报条件和程序，以及可持续融资能力提升路径等，以帮助乡村产业经营主体提高金融素养，提升其将融资意愿转化为实际融资行为的能力。

（2）以乡镇为单位，搭建金融机构与乡村产业经营主体定期洽谈会，促进金融服务供需直接对接。建议以县或乡（镇）为单位，搭建金融机构与乡村产业经营体系的对接交流平台，定期召开金融供需双方见面洽谈会，确保金融机构与乡村产业经营体系的供需直接对接，让金融服务供需双方直接了解对方的金融需求意愿、经营项目、信用条件以及金融服务办理的手续、程序和金融交易其他事项，以便富有效率地达成双方均满意的信贷、担保、保险等金融服务交易。

10.2　加快完善现代乡村金融服务组织体系

（1）建立政策性金融、商业性金融、合作性金融、普惠金融并存的既有竞争又有分工协作的现代乡村金融服务组织体系。一是健全政策性金融支农服务体系。拓展政策性银行支持现代农业的功能和领域，加强现代农业农村基础设施建设，农业综合开发，第一、二、三产业融合发展的中长期信贷投入力度。国家开发银行要按照开发性金融机构的定位，充分利用服务国家战略、市场运作、保本微利的优势，加大对乡村振兴的支持力度，培育农村经济增长动力。中国农业发展银行要坚持农业政策性银行职能定位，提高政治站位，在粮食安全等重点领域和关键薄弱环节发挥主力和骨干作用；加快组建由市政府出资的政策性农业保险和再保险机构，健全重庆市农业巨灾保险和再保险服务体系与运行机制；积极鼓励有条件的区（市、县）政府结合自身财力加大财政补贴力度，拓宽财政补贴险种，合理确定农业经营主体承担的保费水平，出资组建政策性农业融资担保公司和乡村产业投资基金，健全政策性农业担保和基金融资服务体系。二是加快完善商业性金融支农服务体系。中国农业银行、中国邮政储蓄银行、股份制商业银行和城市商业银行、农村信用社、农村商业银行等金融机构要坚守自身职能定位，回归本源，明确重点支持领域，把更多金融资源配置到农村重点领域和薄弱环节，结合自身职能定位和业务优势，突出专业化、特色化服务功能，提高服务乡村产业发展和城镇化的专业水平、服务效率和风险管理能力；积极引导商业性保险公司发展农业保险业务；鼓励重庆农村商业银行、村镇银行、小贷公司积极开发乡村产业经营体系的专属信贷产品和普惠金融业务。三是加快互助合作金融体系培育，探索新型农村合作金融发展的有效途径，提升合作金融支持现代农业发展的能力。加快完善农村资金互助社的经营管理机制，多渠道解决农村资金互助社的资金来源问题，引进专业金融人才，完善微观治理机制，增强金融服务能力；稳妥开展农民合作社内部信用合作试点，健全信用互助合作体系。

（2）加快发展现代农业资本市场与产权市场交易体系。乡村产业经营体系构建期间资金需求规模大、经营风险高，在间接融资服务无法满足的情况下，迫切需要直接融资方式来满足其资金需求，并借助现代农业资产产权交易市场来实现抵押物处置变现、并购重组等，因而发展现代农业资本市场和产权交易市场意义重大。重庆市应加快发展一批具有高技术含量、高成长潜力的省级农产品加工企业，促进这些企业在农业创业板市场上市融资；培育一批有成长潜力的县级农业龙头企业，鼓励它们在新三板上市融资；试点探索发展现代农业私募股权融资市场，促进农业私募基金健康发展。规范发展区域性股权市场。加强再融资监管，规范涉农上市公司募集资金投向，避免资金"脱实向虚"。鼓励中介机构适当降低针对涉农企业上市和再融资的中介费用。健全风险投资引导机制，积极引导风险资金投早投小，加大对初创期涉农企业的支持力度。鼓励有条件的地区发起设立乡村振兴投资基金，推动农业产业整合和转型升级。加快发展以县级为基础的现代农业资产产权交易市场，加强市场交易平台和交易制度建设，为现代农业资产产权交易处置、重组创造良好的机构和市场条件。

（3）加快构建现代乡村保险服务体系。结合重庆市乡村振兴的客观实际，构建符合乡村需要的现代农业农村保险体系，加大种养殖业保险力度。建议进一步建立和完善以政府财政作为保障的农业生产自然灾害保险体系，鼓励有条件的地方政府结合自身财力加大财政补贴力度，拓宽财政补贴险种，合理确定农业经营主体承担的保费水平，实现农业自然灾害保险范围全覆盖，提高保额标准和赔偿水平，保障乡村产业经营主体再生产能力。逐步扩大农业大灾保险、完全成本保险和收入保险试点范围，鼓励保险机构开发成本保险、价格保险和收益保障保险、信用信贷保险、财产和人寿保险等多种险种，加大对农户和乡村产业经营主体直接保费补贴和对保险公司的政策性优惠补贴，探索开展地方特色农产品保险以奖代补政策试点；落实农业保险大灾风险准备金制度，组建中国农业再保险公司，完善农业再保险体系。将其他农业保险公司纳入中国农业再保险公司，以农业保险大灾风险准备金的形式向中国农业保险公司提供再保险服务。

10.3 优化乡村振兴中金融服务的支付环境

（1）建立乡村产业经营主体金融需求信息系统，促进金融服务供需线上有效对接。由于乡村金融市场交易双方物理距离远，乡村产业经营主体经营地点较分散，加之培育期的乡村产业经营主体农业投资周期和信贷需求期限长、经营风险高，资金使用者流动性强，监管困难，导致金融机构不仅对金融服务的信息收集成本高，而且面临的金融服务风险信息也难以掌握。为了降低金融机构与乡村产业经营体系的供求信息不对称程度，建议政府部门借助互联网信点技术，建立重庆市乡村振兴金融供需信息系统（可简称"e农贷"），乡村产业经营主体可以充分利用"互联网+"技术信息平台，提供金融需求意愿、上传申报资料，金融机构可以积极运用大数据、区块链等技术，提高涉农信贷风险的识别、监控、预警和处置水平，利用科技改造乡村金融服务，在网上完成授信、审核、金融交易，做到真正的"足不出户"，金融服务便利。

（2）推进农村诚信意识和诚信文化建设，构建乡村产业经营主体的征信系统。全面开展信用乡镇、信用村、信用户创建活动，发挥信用信息服务农村经济主体融资功能。稳步推进农户、家庭农场、农民合作社、农业社会化服务组织、农村企业等经济主体电子信用档案建设，并借助中国人民银行建立反映乡村产业经营体系的信用档案记录的征信系统，以便金融机构向乡村产业经营体系提供金融服务时，更加详细地了解乡村产业经营体系的信用状况，从而规避金融机构服务乡村产业经营体系的道德风险和逆向选择，吸引更多的金融机构提供现代农业信贷服务，逐步解决乡村产业经营体系信贷供求失衡问题（朱莉 等，2015）。

（3）建立乡村全覆盖的移动支付结算服务系统，大力改善乡村支付环境。目前重庆市部分偏远乡镇缺乏农村金融机构网点，导致这些地区存贷款和支付结算业务办理极为不便。建议在这些地区加强移动支付技术基础设施建设，升级改造互联网和移动光纤系统，在乡（镇）建立流动性金融服务站，金融机构可以通过开发、推广手机银行，推动移动支付技术，或者开展流动金融服务办公，解决物理营业网点不足的问题。建立乡村全覆盖的移动支付结算服务系统，推动支付结算服务从服务农民生活向服务农业生产、农村生态有效延伸，便利缺乏金融服务网点的乡村开展支付结算服务。

10.4 借助农村"三变"改革促进农村资产资本化

（1）建立农村集体用地的确权颁证机制，推进农村集体土地所有权的确权登记与颁证工作。按照不动产统一登记原则，加快推进集体建设用地、宅基地、集体林地等确权登记颁证工作，进一步明确农村资源的产权，做到产权清晰。积极推进农村集体资产确权到户和股份合作制改革，对农村集体经营性资产，重点是将资产折股量化到本集体经济组织成员，赋予农民对集体资产更多权能，发展多种形式的股份合作。同时，建立"三变"改革的监督管理机制、收益分配机制、退出和应急机制；健全农村集体"三资"管理监督和收益分配制度（刘远坤，2016）。

（2）健全土地"三权分置"改革有效落地的执行机制，促进乡村产业发展。为了解决乡村产业经营主体有土地经营权但无法抵押的问题，建议根据农村土地"三权分置"改革的总体规划和实施方案，在坚持土地集体所有制产权制度前提下，加快推进农地"三权分置"改革落地，对现有乡村产业经营主体流转过来的土地尽快确权和颁证，从政策上规定经营权可抵押融资，推动集体经营性建设用地使用权、集体资产股份等依法合规予以抵押，保障乡村产业经营主体必要的经营性建设用地，消除乡村产业经营者的后顾之忧，从而有效引导工商资本流入乡村产业，激发乡村生产活力。

（3）建立现代农业资产权属认定与颁证机制，促进农业资产资本化。第一，县级农业主管部门应协同乡（镇）政府和村集体组织，对农业经营主体拥有的农业设施产权状况进行确权、量化、登记和颁证，由县级政府设立专门的产权登记颁证机构（可以由农委牵头组建，国土部门配合）统一发放。对于财政投资形成的农业集体资产，可通过确权折股量化到农户手中，农户可以凭借股权证明向银行申请抵押贷款。第二，针对不同地区实际情况，加快探索对乡村产业经营主体投资周期长的果林、特色经济作物和特色饲养动物等生物资产的产权认定、登记和确权，积极探索建立乡村产业经营主体有长远价值的生物资产抵押融资的政策体系，为开展生物资产抵押融资创造良好的法律产权条件。

10.5　加强乡村振兴中财政与金融的协调配合

10.5.1　乡村产业发展领域的财政与金融协同配合

（1）基础农业生产主体采用财政和政策性金融的组合政策支持模式。对于基础农业生产主体，由于自然与市场双重风险的影响巨大，市场机制主导下的农业收益率低，需要政府财政的生产性补贴和政策性金融优惠信贷的大力支持，更好地发挥县域金融机构涉农贷款增量奖励等政策的激励作用，引导县域金融机构将吸收的存款主要投放在当地。一方面，财政部门对农业生产经营主体给予持久的农业生产资料、生产机器设备、购买技术服务等直接补贴，降低其经营成本。另一方面，在政府相关的政策指引下，由地方财政提供担保和贷款贴息，政策性金融机构对基础农业生产主体提供政策性短期或中期优惠利率信用贷款，以支持基础农业经营主体的持续健康发展。

（2）特色效益农业生产主体采用财政与商业性金融组合政策支持模式。由于特色效益农业经营主体的市场化特征较强，支持其发展应该采用"财政适当补贴+商业信贷+担保抵押"的市场化模式。首先，财政部门应当给予效益农业经营主体一定的农业生产资料综合补贴、农业社会化服务购买补贴；补贴比例不易过高，且补贴时间应锁定在效益农业经营主体构建期。其次，在特色农业生产经营主体出现资金短缺时，人民银行通过增加支农再贷款、再贴现支持力度和适当延长期限、降低存款准备金率、适当提高不良贷款损失拨备比率等措施，鼓励农村商业银行、中国邮政储蓄银行和其他银行类金融机构为其提供更多的信用贷款和抵押贷款支持。

（3）跨界经营农业主体采用财政与供应链金融的组合政策模式。为了顺应跨界经营农业主体的发展趋势，支持跨界经营农业主体（农业联合体）发展，应该采用"农业产业投资基金+农业供应链金融"的模式。一方面，财政资金支持现代农业产业联合经营体应该采用农业产业投资基金的形式。由市财政和区（市、县）财政联合出资成立农业产业投资基金，并成立专业化的农业产业基金管理公司，对跨界经营农业主体提供引导资金支持，并通过延长税收减免期限，降低核心农业企业的经营成本。另一方面，对于跨界经营农业主体的金融需求，需要创新性地提供农业供应链金融服务，包括应收账款、订单、品牌等质押信贷服务。以产业链上的核心农业企业为支撑点，将单个主体的不可控风险转变为供应链整体的可控风险，以此满足产业链各环节融资需求（胡国晖 等，2013）。将小农户纳入现代农业生产体系，强化利益联结机制，依托核心企业提高小农户和新型农业经营主体融资可得性。

10.5.2　农业基础设施建设的财政与金融协同配合

（1）公益性强的农业基础设施采用财政与政策性金融联合支持。对公益性强的现代农业农村基础设施，诸如农村生产生活基础设施、现代农业信息化系统、现代农业营销系统、现代乡村支付系统应建立财政与政策性金融联合支持模式，由地方财政和政策性金融机构共同出资建设，由受益农业经营者付费使用，利用所收取的费用回收财政投资和政策性金融贷款的建设成本，并实现保本微利的目标。

（2）私益性强的农业基础设施采用财政诱导下私人与商业金融资本配合的模式进行支持。私益性强的现代农业经营设施，诸如农业设施用房、农业大型专用设施、农业机器设备等基础设施，是属于私人品性质的现代农业生产经营性基础设施。由于面临投资金额大、投资回收期长，投资风险高，因而政府仍有必要采取适当比例的诱导性补贴予以支持，以减轻投资风险。在财政诱导下，按照"谁受益、谁投资"的基本原则，由乡村产业经营主体自行投资融资建设，财政投资补贴只发挥引诱作用。央行应鼓励商业性金融机构开发基础设施信贷产品，向乡村产业经营主体提供必要的、期限较长的基础设施贷款支持。

10.6 健全和推广乡村产权抵押融资政策体系

10.6.1 完善乡村产权抵押融资的财政税收政策

（1）健全乡村产权抵押融资风险补偿专项资金池机制。建议市政府督促各区（市、县）政府，将乡村产权抵押融资风险补偿专项基金纳入区（市、县）年度预算。按照地方年度财政支农预算支出的 1%～2% 的比例计提专项用于乡村产权抵押融资风险补偿和不良产权资产处置管理机构的风险补助。市财政按照各区（市、县）财政风险补偿资金到位率的高低进行考核，并从市级年度财政支农资金中按 0.5% 的比例计提奖励资金，对区（市、县）风险补偿基金到位情况进行以奖代补，督促乡村产权抵押融资风险补偿专项资金快速到位，以利用财政风险补偿基金撬动金融资源向农业农村配置。

（2）完善农村产权抵押融资的税收优惠政策。鉴于经办乡村产权抵押贷款业务及其担保业务具有经营成本高、风险大、操作困难等天然的特征，为了提高农村金融机构、担保公司主办乡村产权抵押信贷及担保业务的积极性，建议市政府出台农村产权抵押融资税收优惠政策，对主办乡村产权抵押信贷及担保业务的银行和担保公司形成的营业收入和利润需要计交的营业税和所得税给予长期全部减免，以降低乡村产权抵押贷款及其担保业务的营业成本。

10.6.2 健全差异化金融调控与监管政策

（1）健全差异化定向调控的金融政策。建议中国人民银行重庆营业管理部设置专项金融政策调控工具，包括灵活运用支农再贷款、合理设置差别准备金率、信贷投向窗口指导、道义劝告等，对金融机构乡村产权抵押贷款业务进行定向差异化调控，鼓励农村金融机构在全市积极推广两权抵押贷款，并予以适当贷款利率优惠；引导金融机构完善乡村产权抵押贷款流程及审批符合机制，缩短审批时间，按照抵押贷款额度逐步下放审批权限到区（市、县）支行。鼓励金融机构开展各类产权质押贷款业务，积极指导金融机构推进生物资产、农机具、土地经营权等新型乡村产权资产抵押融资试点，充分满足现代农业发展和乡村建设的融资需求。

（2）实施差异化的金融监管政策，适度提高风险容忍度。建议银保监机构主动研究差异化金融监管政策，合理确定主办乡村金融机构的资本充足率、贷款分类、贷款管理等方面的计算规则和激励政策，建立一套相对独立的贷款统计、监测、评价与风险管理体系。引导农村金融机构消除针对乡村产业经营主体的信贷歧视，督促农村金融机构建立公允但有区别的信贷风险管理模式。同时，适度提高涉农贷款不良容忍度，涉农贷款不良率高出自身各项贷款不良率年度目标2个百分点（含）以内的，可不作为银行业金融机构内部考核评价的扣分因素。建议将乡村产权抵押贷款的风险容忍度由现有的2%提高到3%，将主办乡村产权抵押融资担保业务的涉农担保公司的风险容忍度由现有的2.46%提高到4%，适度降低担保费率至1.5%的水平。

10.6.3 建立各专项支持政策协同落地的决策机制

（1）落实中国人民银行与地方政府定期沟通机制。乡村产权抵押贷款政策由中国人民银行和地方政府引导，涉及的部门多，任何一个工作环节的脱节，都将直接影响农村产权抵押贷款政策的有效落地。因此，建议相关部门建立周期性的联席会议制度，共同研究和解决乡村产权抵押融资政策落地中遇到的难题。

（2）建立财税与金融政策部门协同支持机制。加强财政部门与中国人民银行和银监局的配合与协作，确保财税部门对乡村产权抵押贷款的财政贴息、风险补偿金、税收优惠政策及时到位，与金融机构开展乡村产权抵押信贷及其担保、保险业务和中国人民银行、银保监局的业务指导监管形成无缝对接，提高金融机构开展乡村产权抵押贷款的积极性。

（3）成立乡村金融仲裁委员会。由区（市、县）政府组织执法部门和金融部门联合成立金融仲裁委员会，对乡村产权抵押融资过程中出现的矛盾、纠纷，通过该会进行协调、化解，尽量避免进入司法程序，降低抵押资产处置矛盾和成本。

10.7 加快农村产权与交易制度体系改革

10.7.1 健全乡村资产权属管理体系

（1）建立乡村资源资产权属管理中心，完善乡村资产权属管理体系。建议依托市农业农村局，按照行政事业编制建立全市统一乡村资源资产权属管理中心，专门负责乡村资源资产产权界定、登记、颁证和权属过户等行政管理和监督事务。相应地，应依托各区（市、县）农业农村局设立乡村资产权属管理分支机构，与乡（镇）政府和村集体组织相关部门和人员共同负责本辖区内的农业农村资产权属管理具体事务。依托重庆市乡村资源资产权属管理中心，探索建立"三农"资产认定、权属界定标准体系，建立规范有序的操作规程，使农业农村资产的权属管理具有可操作性和高效性。

（2）利用互联网信息技术开发乡村资产权属信息化管理系统。建议加快健全重庆市农业农村资产权属管理信息化系统，促进农业农村资产权属管理信息化。乡村资源资产权属管理中心成立后，建议该"中心"加快建设全市农村产权资产信息资料库，并通过互联网将全市农村产权权属管理信息进行统一上线，为银行和用户提供有偿或无偿查询服务。探索建立农村资产权属管理信息真实、准确、动态分类机制，对不同用户进行分类服务，为农村产权融资体系提供良好的信息保障。

10.7.2 建立农村产权资产价值交易变现体系

（1）健全农村宅基地交易市场。在现行法律制度框架下，以房管局为依托，在各区（市、县）探索建立农村房地产交易市场，在县乡两级培育农村房地产租赁、转让的中介机构或服务中心，适时发布农村房屋和宅基地流转信息，开展对接洽谈、合同签订、纠纷调解、政策咨询等工作，积极研究农村宅基地流转交易管理办法，按照农村有效需求集中规划建设新农村集居点，加快建设美丽乡村，整合和节省宅基地资源，将剩余的宅基地通过复垦和地票交易转换为农民可用的资本，为盘活农村小产权房资源创造良好的市场条件。

（2）加快建设农村产权资产综合交易市场。针对农村生物资产、林权资产、集体资产和大型农机具等农村产权资产缺乏专业的流转市场的现状，建议在全市各区（市、县）成立农村产权资产综合交易市场，组建专门的农村产权交易服务中介，履行农村产权资产交易的权属转让登记、过户手续办理和信息发布，并接受农林主管部门的业务指导和监督，提高市场交易效率。

（3）搭建农村产权流转交易服务中心。针对耕地、农房产权流转区域主要集中在当地的实际，试点初期只需要在县、乡（镇）两级建立产权流转交易服务平台。随着农村产权抵押政策的普及推广，再逐步把产权交易平台向城市扩展。产权信息的发布是推进产权流转交易的主要通道（叶松 等，2016）。建议扩大农村综合产权交易中心的职能，集管理、服务、交易平台提供、信息发布等职能于一身，以提高农村综合产权交易中心的运行效率。

10.7.3 重构农村不良产权资产收处管理体系

（1）建立农村不良产权资产收处管理机构。为了便利金融机构处理信贷违约中的农村产权资产，增强金融机构开展农村产权抵押贷款业务的意愿和积极性，建议以重庆市兴农担保集团为依托，成立农村不良产权资产收处管理机构，或者由市财政出资成立独立经营和核算的"重庆市乡村资产收处管理中心"，由国资委进行管理和业务指导。该中心可按市场化模式运作，专门负责从金融机构收购乡村不良产权资产，并集中在有关产权交易市场进行售卖变现，不良资产买卖差价作为该机构的收益来源，其亏损部分由市财政补贴，促进农村不良产权资产收处管理中心可持续经营。

（2）构建多元化的农村不良产权资产处置机制。建议引入市场机制，积极发展金融机构、政府所属机构、民间资本机构等多种收容处置方式，允许各地区民间资本、金融机构、政府单独成立或混合出资的不良资产收处体系。这样既能缓解财政负担，又能催生市场机制的作用，各主体优势互补，提高效率，既能为盘活农村资产注入新活力，还能在保证农村基本产权不变的基础上，实现农村产权抵押贷款风险的及时化解、产权处置及剩余承包权的再流转。

10.8 完善乡村金融服务

（1）建立财政+保险+经营主体农业风险损失共担机制。农业保险属于准公共产品，市场机制无法有效提供，只能通过市场与政府有机结合的机制提供农业保险分担农业风险：一方面，落实农业保险大灾风险准备金制度，组建中国农业再保险公司，完善农业再保险体系，政府大力推行巨灾保险、大灾保险、再保险等政策性农业保险，或通过农业风险基金补偿、参保经营主体的保费补贴等措施，诱导商业性保险公司发展多种农业保险；另一方面，对于风险概率较小、收益比较稳定的农业保险，可以借助市场机制通过商业性农业保险公司提供。加快探索建立重大灾害农业保险制度，积极引入政策性农业保险公司，根据乡村产业经营体系的农业保险需求，积极开展成本和产值保险、目标价格保险、天气指数保险、农业基础设施保险、农机具保险等保险产品，完善农业保险理赔补偿标准和程序，提高农业保险服务效率，切实建立起"财政+保险公司+乡村产业经营体系"共同分担农业自然与市场风险的机制。

（2）建立财政+银行+担保+保险共担农业信贷风险的机制。为了解决乡村产业经营体系传统抵押物不足面临的融资约束问题，迫切需要建立与之配套的农业信贷风险多元主体共担机制，这些多元主体包括财政、银行、担保、保险机构。具体运行机制包括：财政出资建立现代农业信贷风险补偿基金，从每年的财政支农预算中按一定比例（如1%～2%）进行计提；建立银行和担保公司合作机制，对不符合银行抵押条件的农业资产，向重庆农业担保公司或兴农担保集团等担保机构作为反担保物，由担保公司向银行提供担保并发放贷；保险机构可以向银行提供农业信贷保险产品，健全银行保险合作支持农业信贷的机制。当贷款风险形成后，财政支持的风险补偿基金对农业信贷风险按一定比例（建议40%）进行补偿，担保公司按合作约定承担一定比例（建议20%）的风险损失，保险公司可按信贷保险合同约定的比例（建议20%）承担理赔责任，其余损失由银行（建议20%）承担。当前，重庆市应加快落实财政、银行、担保、保险四方共担农业信贷风险的制度，在财政、银行、担保、保险机构之间确定合理的信贷风险损失分担比例。

10.9　完善金融支持乡村振兴的信贷、保险、担保政策

（1）根据农业经营的公益性大小和风险特征确定贷款利率水平。由于基础农业具有经营的高风险性和收益的低效性，因此对于发展大宗粮食、生猪等种养殖业的乡村产业经营主体，政府应长期推行农业信贷利率补贴政策，适当提高信贷利率补贴标准，以减轻乡村产业经营主体和金融机构的利率定价矛盾。而对于效益农业现代化经营以及一、二、三产业融合发展与经营，由于具有收益的高效性和低风险性，决定了银行贷款利率风险溢价低、乡村产业经营主体承受贷款利率的能力较高，因而不需要财政补贴就可以借助商业贷款利率，实现借贷双方的良性互动。所以，现代农业信贷利率风险定价及贴息政

策，应着重放在支持基础农业的乡村产业经营主体发展上，将贷款利率在政府和乡村产业经营主体之间按 4：6 的比例分担。

（2）根据农业经营的风险大小和反担保物的处置风险确定担保费率。对于基础农业经营者，担保机构考虑到经营风险溢价，需要制定较高的担保费率；同时，担保过程中提供的反担保物处置变现的风险越高，担保费率制定也会提高。相比基础农业经营主体，特色效益农业经营主体面临的经营风险较低，提供的反担保物处置比较容易，因而担保公司给出的担保费率可能要低些。为了降低乡村振兴中基础农业的融资担保成本，实现农业经营者、担保公司和政府的三赢局面，同样需要财政提供部分比例（如 40%）的担保费率补贴。故建议财政应加强基础农业经营主体的担保费率补贴力度。

（3）根据农业经营风险大小确定农业保险费率。为了适应乡村产业经营体系普遍而巨大的农业保险需求，农业保险公司应当根据乡村产业经营主体经营的农业品种、农业风险发生概率等因素综合确定合适的农业保险费率。显然，对于巨灾农业保险，理赔水平高，故保险费率定得高些；对于一般性的商业性农业保险，理赔水平较低，故保险费率应该定得低些。财政应该大力支持基础农业经营主体的巨灾保险，通过组建政策性农业保险公司提供优惠保费率的农业保险业务或提高巨灾保险保费补贴比例以支持基础农业经营主体。对于效益农业经营主体，应通过发展商业性农业保险，依靠市场机制形成商业保险费率来支持其发展。

10.10　建立和完善乡村振兴的金融服务考核奖惩机制

（1）完善金融服务乡村产业经营体系的考核与监督约束机制。信贷、担保、保险等金融机构是金融服务乡村产业经营体系的核心主体，中国人民银行、金融监管部门、财政部门是对这些金融机构的金融服务进行考核和监督的重要机构。要建立长期有效的考核监督机制：一是要建立金融服务于乡村产业经营体系的专项目标、考核指标体系和奖励约束办法，根据农业的经营与风险特征，建立差异化监督考核目标。二是对金融机构服务于乡村产业经营体系实行"三个高于"监管要求，即从增速、户数、金融服务获得率三个方面全面考核金融服务增长情况。三是适度提升金融支农风险容忍度。适度提高涉农贷款不良容忍度，涉农贷款不良率高出自身各项贷款不良率年度目标 2 个百分点（含）以内的，可不作为银行业金融机构内部考核评价的扣分因素，适应农业经营高风险的产业特征，将信贷风险容忍度由现有的 2% 提升到 3% 的水平，将担保代偿率由现有的 2.45% 提升至 4% 的水平。四是加大对乡村产业经营体系金融服务履职尽责的奖惩力度。对认真履行金融支农责任、积极支持乡村产业经营体系发展的金融机构适当提高财政奖励标准和金融风险补偿水平；对未认真履行金融支农责任的主办金融机构进行约谈并减少相应的财税奖励，甚至取消主办金融机构的资格及其享有的所有优惠政策。

（2）完善金融服务乡村产业经营体系的奖励办法和运行机制。乡村产业经营体系构建的金融服务主要执行者是金融机构，包括政策性、商业性和合作性金融机构。不论何种性质的金融机构，在乡村产业经营体系的构建中都必然受到支农风险的约束，从而挫伤金融服务的积极性。当前，我国对金融支农的监管规定了"三个不低于"的硬性约束要求，也对涉农贷款增加较多的金融机构实施了专门的奖励政策。但现实的财政奖励政策基本只覆盖了信贷服务机构，对服务于乡村产业经营主体的农业担保、农业保险服务还没有专门的奖励政策，尤其是针对商业性农业保险、农业担保的奖励办法更是缺乏。因此，应科学确定农业保险保费补贴机制，探索开展地方特色农产品保险以奖代补政策试点，加快制定广覆盖的金融服务于乡村产业经营主体的奖励办法，根据金融服务绩效评价考评结果，对金融服务于乡村产业经营体系优秀的金融机构进行以奖代补，以减少金融机构服务于乡村产业经营体系的风险损失。

附　录

附录1　调查问卷：乡村产业经营主体金融需求调查表

您好，为掌握乡村产业经营主体的真实金融需求，受《重庆农村金融支持乡村振兴的效率评价及路径优化研究》课题组委托，我们组织此次调查。您的配合对我们调查工作的顺利开展尤为重要。我们将绝对保证信息的私密性，请您放心、如实回答，谢谢您的合作！

您所在地区是_____省（市）_____区（县）_____乡（镇）_____村。

1. 您所在的农业经营组织成立时间是_____年_____月，属于下列哪一类主体（在相应选项后打√）：

（1）专业种养大户　　　　　　（2）专业合作社等集体经济组织

（3）农业龙头企业　　　　　　（4）家庭农场

（5）农业服务组织　　　　　　（6）普通农户

2. 您目前已享受到了哪些政府支持乡村振兴的政策？　　（可多选）_____

（1）农业财政补贴政策　　　　（2）银行贷款贴息政策

（3）创业贷款贴息政策　　　　（4）小额信贷政策

（5）创业税收优惠政策　　　　（6）土地流转补偿政策

（7）乡村招商引资政策　　　　（8）农村生态补偿政策

（9）其他政策_____

3.（本题由新型农业经营主体填写）您单位自成立以来，共投入_____万元资金。其中，自有资金_____万元；财政投入_____万元，银行贷款_____万元，民间借贷_____万元；社员入股

_____万元；合伙人出资_____万元。

4.（本题由农户填写）您家最近 3 年累计投入生产经营性资金_____万元，获得财政补贴_____万元，银行贷款_____万元，民间借贷_____万元。

5. 您单位在生产经营中需要金融部门提供哪些金融服务？（可多选）_____

(1) 银行贷款服务　　　　　　(2) 贷款担保服务

(3) 农业保险服务　　　　　　(4) 信托租赁服务

(5) 投资理财咨询服务　　　　(6) 支付结算服务

(7) 金融维权服务　　　　　　(8) 其他服务_____

6. 您单位在生产经营中目前已经从金融部门获得了哪些金融服务？（可多选）_____

(1) 银行贷款服务　　　　　　(2) 贷款担保服务

(3) 农业保险服务　　　　　　(4) 信托租赁服务

(5) 投资理财咨询服务　　　　(6) 支付结算服务

(7) 金融维权服务　　　　　　(8) 其他服务

7. 您单位在生产经营中获得政府财政补贴的方式有哪些？（可多选）_____

(1) 种粮补贴　　　　　　　　(2) 农资综合补贴

(3) 农机具补贴　　　　　　　(4) 标准农田建设补贴

(5) 农业贷款贴息　　　　　　(6) 农业社会化服务购买补贴

(7) 农业保险购买补贴　　　　(8) 农业大棚等设施建设补贴

(9) 农村住房改造建设补贴　　(10) 其他_____

8. 您单位在生产经营中接受金融服务的方式主要有哪些？（可多选）_____

(1) 小额信用贷款　　　　　　(2) 城镇房屋抵押贷款

(3) 农村房屋抵押贷款　　　　(4) 土地承包经营权抵押贷款

(5) 林权抵押贷款　　　　　　(6) 担保+抵押贷款

(7) 订单、应收账款等质押贷款　(8) 金融机构联保贷款

(9) 农业保险　　　　　　　　(10) 获准发行股票债券融资

(11) 其他_____

9. 您单位目前（是）　/（否）____还需要资金？（请打√）。如果需要资金，大致在有偿还能力的前提下还要借_____万元资金，希望借款期限为

_____年？目前已借了_____万元资金？实际借款期限为_____年，资金缺口有_____万元。根据经营项目，你能够承担得起的年利率水平大致为_____%。

10. 您单位目前如果需要贷款资金，将打算用于以下哪些项目？（可多选）_____

(1) 常规农业生产 　　　　　(2) 扩大种养殖规模

(3) 购买农业机具和技术 　　(4) 建造农业基础设施

(5) 购买种养殖生产资料 　　(6) 经营非农产业

(7) 发展农家乐等生态旅游业 (8) 农产品加工业

(9) 农业社会化服务业 　　　(10) 农业环保治理

(11) 人才培养和教育培训 　 (12) 购房或建房支出

(13) 医疗健康支出 　　　　 (14) 其他_____

11. 您单位借款渠道调查表（在选项上打"√"）

借款渠道	亲朋好友	银行	民间高利贷	政府部门	其他企业及组织	其他渠道
借款主要渠道						
最满意的渠道						

12. 您单位是否向银行申请过贷款？（是）　/（否）（请打√）。如果是，申请了_____万元贷款？

13. 您单位提交贷款申请后，是否获得贷款？（是）　/（否）（请打√）。如果是，最终获得了_____万元贷款？

14. 您单位获得的贷款是否满足需求？（是）　/（否）（请打√）。

15. 您单位若选择的是民间借贷，原因是什么？（可多选）

(1) 资金满足程度高 　　　(2) 不用担保

(3) 手续简单，贷款时间快 (4) 利息低

(5) 其他_____

16. 您单位若没有向银行申请贷款，原因是什么？（可多选）

(1) 没有担保人 　　　　　(2) 没有抵押品

(3) 银行内部没有熟人 　　(4) 利息太高

(5) 手续太麻烦 　　　　　(6) 资金需求太小

(7) 其他_____

17. 您单位若向银行申请过贷款，但没有批下来的原因是什么？（可多选）

(1) 没有担保人 　　　　　(2) 没有合格抵押品

（3）投资项目不合格　　　　　　（4）银行没有熟人

（5）金额小，银行不愿贷　　　　（6）土地、林权、农房抵押困难

18. 您单位融资不足对您造成的影响有哪些？（可多选）

（1）有经营项目难以维持正常生产　（2）有经营项目无法扩大规模

（3）新项目无法实施　　　　　　（4）其他_____

19. 您单位贷款未能及时偿还的原因？（可多选）

（1）经营项目失败或亏损　　　　（2）遭遇自然风险

（3）市场行情不好，价格走低　　（4）资金用于其他投资，产生了亏损

（5）其他_____

20. 您单位向银行申请并最终获得贷款容易吗？（单选）

（1）非常容易　　　　　　　　　（2）比较容易

（3）一般　　　　　　　　　　　（4）有点困难

（5）非常困难

21. 您认为目前银行贷款利率水平合理吗？　（一般获得的贷款年利率是_____%）

（1）比较合理　　　　　　　　　（2）稍微有点高，但可以接受

（3）太高了，盈利无法覆盖贷款成本

22. 除银行贷款外，您单位还想获得哪些最紧要的金融服务？　（限 4 项）_____

（1）理财规划　　　　　　　　　（2）汇兑结算

（3）融资方案设计　　　　　　　（4）融资担保

（5）财务规划　　　　　　　　　（6）投资咨询

（7）农业保险　　　　　　　　　（8）农业设备信托租赁

（9）其他服务_____

23. 如需要农业保险服务，最需要哪些保险服务？（可多选）_____

（1）种植业保险　　　　　　　　（2）养殖业保险

（3）农产品价格保险　　　　　　（4）巨灾保险

（5）农业信贷保险　　　　　　　（6）家庭财产保险

（7）家庭人寿保险　　　　　　　（8）其他_____

24. 您认为乡村振兴中农业保险服务的主要问题有哪些？（可多选）

（1）农业保险品种少，无法满足需求

（2）农业保险理赔率低、理赔程序烦琐

（3）农村保险需求不足、购买积极性不高

（4）农业保险宣传不足、农村保险知识缺乏

（5）农业保险与农村信贷结合不紧密

（6）农业保险保费定价过高

（7）农业保险合同太复杂，存在霸王条款

（8）农业保险保费补贴较低

（9）农业巨灾保险缺失

（10）其他_____

25. 如果您有贷款融资担保，担保人主要选择的是（可多选）_____

（1）公务员担保　　　　　　　　（2）亲戚朋友担保

（3）兴农担保（担保费率_____%）

（4）农业担保集团担保（担保费率_____%）

（5）其他_____

26. 您认为乡村振兴中农业融资担保存在的主要问题有哪些？（可多选）

（1）农业融资担保需求不足，找担保的积极性不高

（2）担保费率较高，增加了贷款成本

（3）担保人寻找困难

（4）担保人责任不明确

（5）担保抵押物要求较高

27. 您对金融机构提供的金融服务感到满意吗？　（请在相应的选项划
"√"）

金融服务	非常满意	比较满意	一般	不满意	非常不满意
银行贷款服务					
融资担保服务					
农业保险服务					
结算咨询服务					

28. 如果您对金融服务不满意，还希望从哪些方面改进金融服务？（可多
选）_____

（1）改善贷款流程和手续，缩短贷款审批时间

（2）银行开办流动性营业网点到村，方便银行贷款

（3）适当降低贷款利率，使银行和经营主体都有利润空间

（4）积极推动农村产权抵押贷款

（5）积极开办应收账款、股权、订单等质押贷款

（6）推进农业保险，加强贷款与农业保险联动

（7）创新金融服务品种，增强金融服务选择余地

（8）开展信用评比活动，对失信者严厉惩戒

（9）开办生态金融产品，满足生态环保融资需求

（10）其他_____

29. 您还希望政府从哪些方面改进财政金融支农政策，以推动乡村振兴？

_____

填表人：　　　　　电话：　　　　　调查时间：　年　月　日

附录2　调查问卷：金融机构调查表

您好，为掌握农村金融机构支持乡村振兴的服务供给情况，受《重庆农村金融支持乡村振兴的效率评价及路径优化研究》课题组委托，我们组织此次调查。您的配合对我们调查工作的顺利开展尤为重要。我们将绝对保证信息的私密性，请您放心、如实回答，谢谢您的合作！

1. 贵单位营业地点在 _____ 省（市）_____ 区（县）_____ 乡（镇）

2. 贵单位法人机构性质属于_____

（1）政策性银行　　　　　　（2）国有商业银行

（3）城市商业银行　　　　　（4）农村商业银行

（5）村镇银行　　　　　　　（6）新型农村金融机构

（7）涉农担保公司　　　　　（8）金融服务中介

（9）信托租赁公司　　　　　（10）金融服务中介

（11）（农业）保险公司　　　（12）其他_____

3. 您认为贵单位目前推出的金融产品能否满足农业农村的需求？（A. 能　B. 不能）　　（请打√），推出支持农业农村的金融产品主要有（请列举）：_____

4. 贵单位为农村提供金融服务的主要参考标准（可多选，最重要的排前面）：_____

（1）国家政策支持强度　　　（2）生产经营规模

（3）所属行业类型　　　　　（4）项目盈利能力

（5）信用记录状况　　　　　　　（6）组织内部结构

（7）资金需求总量　　　　　　　（8）其他因素_____

5. 您认为金融支持乡村振兴最主要的问题和困难是什么？（可多选）：

（1）没有合适的抵押品

（2）风险防控难

（3）缺乏金融产品创新权

（4）业务开展成本高

（5）农村资产评估、处置、变现困难

（6）其他_____

6. 贵单位在服务乡村振兴中最主要的政策需求有哪些？（可多选）_____

（1）农村产权资产抵押政策

（2）财政贴息政策

（3）乡村信贷风险补偿政策

（4）差别化农村存款准备金政策

（5）农村再贷款期限延长政策

（6）财政、银行、担保、保险等农村信贷风险共担政策

（7）其他_____

7. 贵单位是否设立了专门服务乡村振兴的部门？

（1）有，名叫_____　　　　（2）没有，不准备设立

（3）没有，正筹备设立

▲如果贵单位属于银行类金融机构，请接着回答第8~16题。

8. 贵单位对农村贷款对象的选择偏向于（可多选）：_____

（1）农业龙头企业　　　　　　　（2）家庭农场

（3）农民专业合作社　　　　　　（4）专业大户

（5）农业社会化服务组织　　　　（6）村集体经济组织

（7）普通农户　　　　　　　　　（8）其他_____

9. 贵单位对农村贷款申请人的审核标准包括（可多选）：_____

（1）还款能力　　　　　　　　　（2）产权抵押资产变现能力

（3）生产经营状况　　　　　　　（4）信用记录

（5）有无担保人　　　　　　　　（6）贷款项目预期回报率

（7）其他_____

10. 贵单位对农村贷款的主要形式为（可多选）：_____

(1) 信用贷款   (2) 担保贷款

(3) 抵押贷款   (4) 质押贷款

(5) 联保贷款   (6) 其他_____

11. 贵单位在发放贷款时可以接受的抵（质）押物包括哪些？

(1) 各类不动产（土地、林地、厂房、办公楼、商铺等）

(2) 各类动产（农机、农器、农用车等）

(3) 各类活体生物资产（家禽、牲畜、水产品、果蔬等）

(4) 各类金融资产（存款单、股票、债券、应收账款、产品订单等）

(5) 各类无形资产（商誉、专利、商标、技术、新型发明等）

(6) 其他_____

12. 贵单位接受客户贷款申请到贷款最终批准发放一般需要经历_____天？贷款利率一般在_____区间浮动？

13. 贵单位在发放涉农贷款时，1 年期以下的短期贷款占比一般是_____%；1 年以上的中长期贷款占比一般是_____%。

14. 2019 年贵单位涉农贷款情况调查表（可以进行大致估算）

贷款申请数		贷款受理数		贷款实际发放数	
数量/笔	金额/万元	数量/笔	金额/万元	数量/笔	金额/万元

涉农贷款总额		农户贷款		农村企业贷款		其他新型农业经营组织贷款	
余额/亿元	占比/%	余额/亿元	占比/%	余额/亿元	占比/%	余额/亿元	占比/%

15. 目前贵单位在农村信贷回收率大致为_____%，农村贷款不良资产率大致为_____%。

16. 贵单位为农村提供金融产品和服务的意愿调查表（在相应选项后打√）

	服务意愿	如果不愿意，原因是什么？
贷款服务	(1) 不愿意 (2) 不太愿意 (3) 一般 (4) 愿意 (5) 非常愿意	(1) 利润空间小 (2) 缺乏抵押或抵押物处置困难 (3) 业务量小，经营成本高 (4) 违约风险高 (5) 其他原因
中间业务	(1) 不愿意 (2) 不太愿意 (3) 一般 (4) 愿意 (5) 非常愿意	(1) 服务费用收入低 (2) 业务量小，成本高 (3) 农民金融知识缺乏，难以沟通 (4) 人手有限，不便为农村提供金融服务 (5) 其他原因_____

▲如果贵单位属于农业保险公司，请作答第 17~21 题。

17. 贵单位农业保险的主要承包对象包括哪些？

(1) 农业龙头企业　　　　　　(2) 家庭农场

(3) 农民专业合作社　　　　　(4) 专业大户

(5) 农业社会化服务组织　　　(6) 村集体经济组织

(7) 普通农户　　　　　　　　(8) 涉农金融机构

(9) 其他_____

18. 贵单位目前开办的农业保险品种具体有：_____

19. 贵单位经营农业保险的保费率是_____，分担比例为：

重庆市财政_____%；区（市、县）财政_____%；投保主体_____%；其他_____%

20. 2019 年贵单位经营农业保险业务情况统计表（可以进行大致估算）

保险产品种类	业务笔数/单	保险金额/万元	保费收入/万元	理赔笔数/单	理赔金额/万元
农产品产量保险					
农产品价格保险					
农产品收入保险					
厂房设备保险					
生产责任保险					

保险产品种类	业务笔数/单	保险金额/万元	保费收入/万元	理赔笔数/单	理赔金额/万元
人身保险					
涉农贷款保险					
其他保险_____					

21. 贵单位在开办农业保险中遇到的主要困难有_____ 。

（1）政府农业保险保费补贴偏低　　（2）农业保险经营成本高

（3）农业保险产品品种少　　　　　（4）农业保险利润率低

（5）农业保险需求不足　　　　　　（6）其他_____

▲**如果贵单位属于农业担保公司或其他金融机构，请回答 22~26 问题：**

22. 贵单位所提供的涉农金融服务主要包括_____

23. 贵单位提供农村金融服务如何收费？

（1）按笔数收，_____元/笔

（2）按业务项目金额收，费率为_____%

（3）其他方式_____

24. 贵单位 2019 年提供各类金融服务的情况统计表（可以进行大致估算）

业务笔数/单	服务对象/人	项目金额/万元	营业收入/万元

25. 贵单位在开办农业担保融资中遇到的主要困难有_____ 。

（1）担保费率偏低，而客户认为高

（2）担保风险分担比例过高，银行不承担风险

（3）担保资产变现能力弱

（4）担保需求不足

（5）担保财政补贴不足

（6）农村担保资产处置变现困难

（7）其他_____

26. 贵单位在乡村振兴中提供金融服务还有哪些政策需求？_____

填表人：　　　　电话：　　　　调查时间：　年　月　日

参考文献

1. 英文参考文献

[1] ADAMS D W, GRAHAM D H, VON PISCHKE J D. Undermining rural development with cheap credit [M]. Boulder: Westview Pres, 1984.

[2] ARELLANO M, BOVER O. Another look at the instrumental variable estimation of errorcomponen-s models [J]. Journal of econometrics, 1995, 68 (1): 29-51.

[3] BURGESS R, PANDE R. Do rural banks matter? Evidence from the Indian social banking experi-ment [J]. American economic review, 2005 (3): 780-795.

[4] Ghatak M. Group lending, local information and peer selection [J]. Journal of development Economics, 1999, 60 (1): 27-50.

[5] GHATAK M. Screening by the company you keep: joint liability lending and the peer selection effect [J]. The economic journal, 2000, 110 (465): 601-631.

[6] GLADWIN C H, LONG B F, BABB E M, et al. Rural entrepreneurship: one key to rural revitalization [J]. American journal of agricultural economics, 1989, 71 (5): 1305-1314.

[7] GOLDSMITH R M. Financial structure and development [M]. City Of New Haven: Yale University Press, 1969.

[8] GURLEY J. G, SHAW E S. Financial aspects of economic development [J]. American economic review. 1955, 45 (4): 515-538.

[9] HABER S H, N. MAURER, A RAZO. The Politics of property rights: political Instability, credible commitments, and economic growth in Mexico [M]. Cambridge: Cambridge University Press, 2003.

[10] HAYAMI Y, RUTTAN V W. Agricultural development: an international

perspective [M]. London: The Johns Hopkins Press, 1971.

[11] HELLMANN T, MURDOCK K, STIGLITZ J. Financial restraint: toward a new paradigm [J]. Comparative institutional analysis, 1997 (3): 163–207.

[12] HICKS J. A theory of economic history [M]. Oxford: Clarendon Press, 1969.

[13] HOLTZEAKIN D, NEWEY W, ROSEN H S. Estimating vector autoregressions with panel data [J]. Econometrica: journal of the econometric society, 1988 (8): 1371–1395.

[14] JOHNSON T G. Entrepreneurship and development finance: keys to rural revitalization [J]. American journal of agricultural economics, 1989, 71 (5): 1324–1326.

[15] KAWATE T. Rural revitalization and reform of rural organizations in contemporary rural Japan [J]. Journal of rural problem (Japan), 2005, 40 (4): 260–272.

[16] KING R G, R. Levine. Finance and growth: schumpeter might be right [J]. Quarterly journal of economics. 1993, 108: 717–738.

[17] LAFFONT J J, GUESSAN T. Group lending with adverse selection [J]. European economic review, 2000, 44 (4–6): 773–784.

[18] LIU Y, LI Y. Revitalize the world's countryside [J]. Nature news, 2017, 548 (7667): 275.

[19] MCKINNON R I. Money and capital in economic development [M]. Washington D. C.: Brookings Institution Press, 1973.

[20] NAKAJIMA J, KASUYA M, WATANABE T. Bayesian analysis of time-varying parameter vector auoregressive model for the Japanese economy and monetary policy [J]. Journal of the Japanese and international economies, 2011, 25 (3): 225–245.

[21] NONAKA A, ONO H. Revitalization of rural economies though the restructuring the self–sufficient Realm [J]. Japan agricultural research quarterly: JARQ, 2015, 49 (4): 383–390.

[22] OJO K A, HAIRUL B N I. Host's Supports for voluntourism: a pragmatic approach to rural revitalization [J]. Australian journal of basic and applied sciences, 2013, 7 (4): 393–402.

［23］ PATRICK H. Financial development and economic growth in underdevel
oped countries ［J］. Economic development and cultural change, 1966, 14: 174-
189.

　　［24］ PRIMICERI G E. Time varying structural vector autoregressions and mo-
netary policy ［J］. REV. ECON. STUD, 2005, 72 (3): 821-852.

　　［25］ SCHUMPETER JOSEPH. The Theory of Economic Development ［M］.
Oxford: Oxford University Press, 1969.

　　［26］ SHAW E S. Financial deepening in economic development ［M］. Cam-
bridge, M. A: Havard University Press, 1973.

　　［27］ STIGLITZ J E. Markets, market failures, and development ［J］. The A-
merican economic review, 1989, 79 (2): 197-203.

　　［28］ STIGLITZ J E. New and old keynesians ［J］. Journal of economic per-
spectives, 1993, 7 (1): 23-44.

　　［29］ STIGLITZ J E. The role of the state in financial markets ［J］. Working
bank economic Review, 1994, 8: 19-52.

2. 中文参考文献

　　［1］ 《党的十九大报告辅导读本》编写组. 党的十九大报告辅导读本
［M］. 北京: 人民出版社, 2017: 49.

　　［2］ 曹协和. 农村金融理论发展主要阶段评述 ［J］. 财经科学, 2008
(11): 27-35.

　　［3］ 曹协和. 转轨期中国农村金融体系创新与制度安排 ［D］. 沈阳: 东
北大学, 2008.

　　［4］ 陈明生. 马克思主义经典作家论城乡统筹发展 ［J］. 当代经济研究,
2005 (3): 13-16.

　　［5］ 陈伟东, 张大维. 马克思恩格斯的城乡统筹发展思想研究 ［J］. 当代
世界与社会主义, 2009 (3): 19-24.

　　［6］ 陈文俊. 农村金融发展对农村经济增长的作用机理研究 ［D］. 长沙:
中南大学, 2011.

　　［7］ 陈锡文. 从农村改革四十年看乡村振兴战略的提出 ［J］. 农村经营管
理, 2018, 5: 6-10.

　　［8］ 陈锡文. 责无旁贷推动乡村振兴促进法有效实施 ［J］. 中国人大,
2021, 6: 22.

　　［9］ 陈啸. 农村中小企业融资体系研究 ［D］. 太原: 山西财经大学,

2013.

[10] 陈银娥，尹湘，金润楚. 中国农村普惠金融发展的影响因素及其时空异质性 [J]. 数量经济技术经济研究，2020 (5)：44-59.

[11] 丁武民. 乡村发展过程中的金融支持研究 [D]. 青岛：中国海洋大学，2010.

[12] 丁志国，张洋，高启然. 基于区域经济差异的影响农村经济发展的农村金融因素识别 [J]. 中国农村经济，2014 (3)：4-13.

[13] 丁志国，张洋，覃朝晖. 中国农村金融发展的路径选择与政策效果 [J]. 农业经济问题，2016 (1)：68-75.

[14] 董杰. 金融发展与农村经济增长研究 [D]. 成都：西南财经大学，2004.

[15] 冯登艳. 中国股票市场信用问题研究 [D]. 成都：西南财经大学，2005.

[16] 郜亮亮. 中国减贫实践为世界贡献了什么：落实联合国千年发展目标与可持续发展目标的视角 [J]. 中国井冈山干部学院学报，2019，3 (2)：120-129.

[17] 郭沛. 中国农村非正规金融规模估算 [J]. 中国农村观察，2004 (2)：21-25.

[18] 韩国强. 金融服务乡村振兴战略的思考 [J]. 当代金融研究，2018 (2)：96-104.

[19] 贺雪峰. 关于实施乡村振兴战略的几个问题 [J]. 南京农业大学学报（社会科学版），2018 (3)：19-26.

[20] 胡璐. 把饭碗牢牢端在中国人手中 [N]. 联合日报，2020-03-06 (8).

[21] 黄学华. 安徽农村金融发展现状、问题及对策 [J]. 江淮论坛，2006 (6)：72-77.

[22] 黄祖辉. 准确把握中国乡村振兴战略 [J]. 中国农村经济，2018 (4)：2-12.

[23] 纪敏. 农村金融改革的创新 [J]. 中国金融，2017 (10)：27-29.

[24] 贾晋，尹业兴. 脱贫攻坚与乡村振兴有效衔接：内在逻辑、实践路径和机制构建 [J]. 云南民族大学学报（哲学社会科学版），2020，5 (3)：68-74.

[25] 郎波. 农村金融与担保机制研究—基于专业农牧担保的实证分析 [D]. 成都：西南财经大学，2013.

［26］雷培梁.人的城镇化进程中的教育发展问题研究［D］.福州：福建师范大学，2016.

［27］黎翠梅.我国农村资金供给的区域差异及其对农村经济增长影响的实证研究［D］.长沙：中南大学，2009.

［28］李邦铭.马克思恩格斯城乡关系思想及其当代价值［D］.长沙：中南大学，2012.

［29］李创，吴国清.乡村振兴视角下农村金融精准扶贫思路探究［J］.西南金融，2018（6）：30-36.

［30］李丹，孟德锋.乡村振兴战略背景下农村金融机构类型与异质性农户融资渠道选择［J］.金融理论探索，2019（3）：54-61.

［31］梁雯，张伟.城乡一体化、农村物流与金融对农民收入的影响研究［J］.北京交通大学学报（社会科学版），2016（1）：98-105.

［32］廖彩荣，陈美球.乡村振兴战略的理论逻辑、科学内涵与实现路径［J］.农林经济管理学报，2017（6）：795-802.

［33］廖小文.马克思信用理论与我国农村合作金融制度的完善［D］.漳州：漳州师范学院，2011.

［34］刘金全，付一婷，王勇.我国经济增长趋势与经济周期波动性之间的作用机制检验［J］.管理世界，2005（4）：5-11.

［35］刘乃毓，胡怀国.2020年中国特色社会主义经济研究新进展［J］.理论观察，2021（2）：9-10.

［36］刘儒，刘江，王舒弘.乡村振兴战略：历史脉络、理论逻辑、推进路径［J］.西北农林科技大学学报（社会科学版），2020，3（2）：1-9.

［37］刘艳.基于金融功能观重构中国农村金融体系研究［D］.长沙：中南林业科技大学，2008.

［38］卢黎歌，武星星.后扶贫时期推进脱贫攻坚与乡村振兴有机衔接的学理阐释［J］.当代世界与社会主义，2020（2）：89-96.

［39］卢立香.中国金融发展对农民收入增长影响的理论与实证研究［D］.济南：山东大学，2009.

［40］陆岷峰，徐阳洋.中国农村金融发展七十年历程回顾、启发与展望［J］.金融理论与教学，2020（4）：1-7.

［41］陆岷峰.关于乡村金融供给侧结构性改革支持乡村振兴战略研究［J］.当代经济管理，2019（4）：84-90.

［42］孟守卫.农村金融市场结构对中国农业发展的影响研究［D］.北

京：中央财经大学，2019.

[43] 牛坤玉，钟钰，普蓂喆. 乡村振兴战略研究进展及未来发展前瞻 [J]. 新疆师范大学学报（哲学社会科学版），2020，1（1）：48-62.

[44] 欧阳建勇. 乡村振兴战略下我国农村公共文化服务建设的财政政策研究 [D]. 南昌：江西财经大学，2018.

[45] 潘美玲. 基于共同前沿函数的FDI生产率溢出效应的实证研究 [J]. 经济问题，2010（10）：33-38.

[46] 彭晓伟. 中国共产党的城乡关系理论与实践 [D]. 成都：西南交通大学，2012.

[47] 彭艺. 我国农村金融体系的历史演进与发展 [J]. 农业经济，2010（5）：53-54.

[48] 齐红倩，李志创. 我国农村金融发展对农村消费影响的时变特征研究 [J]. 农业技术经济，2018（3）：110-121.

[49] 钱水土. 中国农村金融体制三十年改革的回顾与评价 [J]. 浙江工商大学学报，2009（3）：5-13.

[50] 秦妍. 我国乡村振兴的目标评价体系构建研究 [D]. 厦门：厦门大学，2018.

[51] 秦宇. 中小银行在乡村振兴中的作用 [J]. 中国金融，2020（5）：68-69.

[52] 人民银行发布《中国农村金融服务报告（2018）》[N]. 中国城乡金融报，2019-09-25.

[53] 邵珂. 农村金融对农村产业发展水平的影响研究 [D]. 青岛：青岛大学，2020.

[54] 舒凯彤. 中国农村金融发展的模式与路径选择 [D]. 长春：吉林大学，2019.

[55] 宋冬林，谢文帅. 实现小农户和现代农业发展有机衔接的政治经济学分析 [J]. 经济学动态，2020，12：10.

[56] 苏静. 中国农村金融发展的减贫效应研究 [D]. 长沙：湖南大学，2015.

[57] 孙刚，齐明. 中国农村金融体系的问题及其解决方案 [J]. 社会科学战线，2010（5）：60-69.

[58] 孙健. 金融支持、新型农村金融机构创新与三农发展 [D]. 济南：山东大学，2012.

[59] 孙同全，潘忠. 新中国农村金融研究 70 年 [J]. 中国农村观察，2019 (6)：2-18.

[60] 孙玉奎，冯乾. 我国农村金融发展与农民收入差距关系研究：基于农村正规金融与非正规金融整体的视角 [J]. 农业技术经济，2014 (11)：65-74.

[61] 孙玉奎，周诺亚，李丕东. 农村金融发展对农村居民收入的影响研究 [J]. 统计研究，2014 (11)：90-95.

[62] 涂圣伟. 脱贫攻坚与乡村振兴有机衔接：目标导向、重点领域与关键举措 [J]. 中国农村经济，2020 (8)：2-12.

[63] 王定祥，田庆刚，李伶俐，等. 贫困型农户信贷需求与信贷行为实证研究 [J]. 金融研究，2011 (5)：124-138.

[64] 魏希娟. 提高农村边际消费倾向构建社会主义新农村 [J]. 科技情报开发与经济，2007 (12)：163-164.

[65] 温铁军. 农地制度安排与交易成本 [J]. 读书，2004 (9)：105-111.

[66] 邬巧飞. 马克思的城乡关系思想及其当代价值 [D]. 北京：中国人民大学，2011.

[67] 吴比，张灿强. 实施乡村振兴战略对农村金融的需求 [J]. 农村金融研究，2017 (12)：40-41.

[68] 吴庆田. 金融效率视角下的农村金融生态环境优化研究 [D]. 长沙：中南大学，2011.

[69] 徐文琦. 中国农村金融发展：影响机理与模式创新 [D]. 天津：天津财经大学，2018.

[70] 许丹丹. 中国农村金融可持续发展问题研究 [D]. 长春：吉林大学，2013.

[71] 闫鹏，李铜山. 推动农村金融机构回归本源的"三性" [J]. 江西农业，2019 (6)：115.

[72] 闫宇豪. 马克思主义理论范式下的城乡融合推动乡村振兴研究 [J]. 云南农业大学学报（社会科学），2020，14 (4)：1-7.

[73] 姚进. 金融机构涉农贷款余额稳步增长 [N]. 经济日报，2019-09-23 (7).

[74] 姚树荣，周诗雨. 乡村振兴的共建共治共享路径研究 [J]. 中国农村经济，2020 (2)：14-29.

[75] 姚耀军. 中国农村金融发展与经济增长关系的实证分析 [J]. 经济科学，2004 (5)：24-31.

[76] 姚耀军. 中国农村金融发展状况分析 [J]. 农业经济导刊, 2006 (7): 127-134.

[77] 叶兴庆. 新时代中国乡村振兴战略论纲 [J]. 改革, 2018 (1): 65-73.

[78] 张兵, 刘丹, 郑斌. 农村金融发展缓解了农村居民内部收入差距吗? ——基于中国省级数据的面板门槛回归模型分析 [J]. 中国农村观察, 2013 (3): 19-29.

[79] 张兵, 翁辰. 农村金融发展的减贫效应: 空间溢出和门槛特征 [J]. 农业技术经济, 2015 (9): 37-47.

[80] 张晖. 乡村振兴战略的政治经济学阐释 [J]. 求索, 2020 (1): 141-148.

[81] 张军. 乡村价值定位与乡村振兴 [J]. 中国农村经济, 2018 (1): 2-10.

[82] 张庆昉. 转型期农户结构、行为特征与农户借贷 [D]. 大连: 东北财经大学, 2011.

[83] 张婷婷, 江晟琦. 我国新型农村金融机构发展路径研究 [J]. 大众理财顾问, 2019 (12): 301-302.

[84] 张婷婷, 李政. 我国农村金融发展对乡村振兴影响的时变效应研究: 基于农村经济发展和收入的视角 [J]. 贵州社会科学, 2019 (10): 159-168.

[85] 张婷婷, 宋婷婷. 乡村振兴背景下我国农村金融发展问题研究 [J]. 智库时代, 2019 (6): 26-27.

[86] 张婷婷, 吴锦婷. 乡村振兴背景下我国农村信用合作社改革的模式研究 [J]. 金融理论与教学, 2020 (3): 49-52.

[87] 张婷婷. 黑龙江省金融支持乡村振兴的有效模式构建 [J]. 中小企业管理与科技 (下旬刊), 2019 (3): 84-85.

[88] 张婷婷. 农业供给侧结构性改革的金融支持研究: 以黑龙江省为例 [J]. 中小企业管理与科技 (下旬刊), 2018 (7): 62-64.

[89] 张婷婷. 乡村振兴背景下新型农村金融机构发展面临的困难及对策 [J]. 现代营销 (下旬刊), 2019 (12): 21-24.

[90] 赵冬青, 李子奈, 刘玲玲. 印度微型金融对我国农村金融发展的启示 [J]. 金融理论与实践, 2008 (6): 98-101.

[91] 赵洪丹, 朱显平. 农村金融、财政支农与农村经济发展 [J]. 当代经济科学, 2015 (5): 96-108.

[92] 赵洋. 当代中国城乡关系的变迁 [J]. 科学社会主义, 2011 (6): 120-123.

[93] 中国经济趋势研究院新型农业经营主体调研组. 有效供给能力较低

健全农业社会化服务体系任重道远 [J]. 中国食品，2019, 2: 130-132.

[94] 中国农业银行研究室课题组. 提升金融服务层次 助推现代农业发展 [J]. 农村金融研究，2007 (9): 28-35.

[95] 中国人民银行农村金融服务研究小组. 中国农村金融服务的现状和发展方向 [J]. 清华金融评论，2015 (7): 20-23.

[96] 周立. 中国农村金融体系的政治经济逻辑（1949~2019 年）[J]. 中国农村经济，2020 (4): 78-100.